Florian Kobler

Pater Martin

Florian Kobler

Kurzgeschichten

Pater Martin

HELFEN. LACHEN. FREUDE MACHEN.

Mit Illustrationen
von Georg Atteneder

freya

ISBN: 978-3-99025-086-0
© 2012 Freya Verlag KG
Alle Rechte vorbehalten
www.freya.at
Cover/Layout: freya_art
Coverbild: Florian Kobler
Illustrationen: Georg Atteneder

printed in EU

Inhalt

Einleitung

„Wenn es mehr Pfarrer wie ihn gäbe, hätte die Kirche kein Problem", höre ich Menschen oft sagen, die Pater Martin Bichler kennengelernt haben.

Martin ist im Jahr 1967 in Lienz in Osttirol geboren und mit seinen drei Geschwistern auf einem Bergbauernhof in Untertilliach aufgewachsen.

Nach der Hauptschule im Lesachtal besuchte er das Gymnasium in Telfs. Bald freundete er sich mit jungen Franziskanern an und entschied sich, nach der Matura in den Orden einzutreten.

Er zeigte stets Begeisterung für den Ordensgründer Franz von Assisi und konnte sich ein Leben mit den Grundidealen der Franziskaner – Leben wie der arme Jesus von Nazareth, Vorurteile überwinden, stets in Bewegung bleiben, Offenheit gegenüber Menschen, Tieren, Pflanzen und Religionen – gut vorstellen.

Während seines Theologiestudiums in Salzburg verbrachte Martin ein Jahr in Jerusalem. Sein Pfarrpraktikum absolvierte er in Reutte. Nach der Priesterweihe war Martin zehn Jahre lang in der Pfarre Villach-St. Nikolai tätig, danach wechselte er nach Innichen in Südtirol.

Seit 2008 ist Martin in Enns in Oberösterreich im Einsatz. Durch sein Studium und seine zahlreichen Wallfahrten zählt er inzwischen zu den Experten des Heiligen Landes. Immer wieder bietet er Pilgerreisen an oder hält spannende Vorträge.

Außerdem ist Martin für seine fröhlich-offene Art bekannt. Wenn jemand um vier Uhr früh bei einer Jugendfeier in der Pfarre schallend lacht, dann handelt es sich oft um Pater Martin, der mit den Jugendlichen scherzt.

Wenige Stunden später feiert derselbe mit dem Kirchenvolk die heilige Messe.

Seinen Ruf erarbeitete sich Martin durch seine vielen humorvollen und manchmal skurrilen Erlebnisse. Er versenkte das Klosterauto in einem See, überlebte einen bewaffneten Überfall, brach in eine Almhütte ein, übernachtete auf einem Kamelmisthaufen und wurde von der Grenzpolizei festgenommen.

Vor einem Jahr kam mir die Idee, dass diese Geschichten für viel mehr Menschen interessant sein könnten. Daher fragte ich Martin, ob ich sie aufschreiben dürfte. Er erzählte mir daraufhin so viele Anekdoten, dass aus ein paar Seiten bald ein ganzes Buch wurde. Irgendwann mussten wir einen Schlussstrich ziehen, denn Martin erlebt ständig neue Abenteuer – ihm scheinen die Erlebnisse nicht auszugehen.

Wenn Martin seine Geschichten erzählt, bleibt meist kein Auge trocken. Ich hoffe, dass es Ihnen ebenso geht, dass Sie Freude an den folgenden Seiten haben, viel Neues und Interessantes über das Klosterleben erfahren und das eine oder andere für sich selbst mitnehmen können.

Als ich Martin fragte, was wohl der Bischof dazu sagen würde, schließlich seien manche Gedanken und Ansichten nicht unumstritten, meinte er fröhlich: „Ach, dem zeig ich das gar nicht!"

Florian Kobler

Martin, du musst austreten!

Wer in den Franziskanerorden eintreten möchte, kann ein Jahr lang die Ordensphilosophie, das Gebetsleben und die Berufsmöglichkeiten kennenlernen. Dieses Probejahr heißt Noviziat.

Danach kann Theologie studiert, das Priesteramt oder ein anderer Beruf im Orden ausgeübt werden. Wie in der Probezeit eines jeden Berufes besteht noch jeden Tag die Möglichkeit, seine Meinung zu ändern und aus dem Orden auszutreten.

Ich verbrachte dieses Noviziatjahr in der Marktgemeinde Reutte in Tirol. An die Einkleidungsfeier kann ich mich noch gut erinnern. Meine Familie, Verwandten und Freunde waren da und ich hatte zur Feier des Tages meinen Maturaanzug an. Während des Gottesdienstes zog ich mir mein Sakko aus und bekam mit den anderen Anwärtern, die ebenfalls in den Orden eintreten wollten, meinen ersten Habit angezogen.

Zu meiner Verwunderung sagte meine Tante nach der Feier zu mir: „Das war der furchtbarste Gottesdienst, den ich je erlebt habe. Martin, du musst sofort wieder austreten!"

Ein paar Jahre später erzählte sie mir, dass sie es nicht verstanden hatte, wie ein junger Mensch, wie ich es war, einfach alles ablegen und ein strenges Leben führen wollte. Sie hatte damals nicht gewusst, wie glücklich ich im Orden war und welchen Spaß ich direkt nach der Feier mit meinen neuen Mitbrüdern hatte. Wir saßen im Wirtshaus, aßen, tranken und feierten das Leben.

Grenzerfahrung

Eine besondere Grenzerfahrung erlebte ich in Deutschland. Ich war mit Bruder Fritz auf der Reise von Salzburg nach Reutte. Um Geld zu sparen, versuchten wir die Strecke per Autostopp zurückzulegen. Ein freundliches Ehepaar nahm uns von der Stadt bis zur Autobahn mit. Dort sprangen wir über die Leitplanken und liefen zu Fuß die hundert Meter bis zum Grenzübergang, der damaligen Schengengrenze.

Beim Schranken zeigten wir einer Beamtin unsere Pässe und erklärten ihr, dass wir gerne autostoppen würden.

„Kein Problem, aber halten Sie sich bitte hier bei der Grenzstation auf und gehen Sie keinesfalls auf die Autobahn", meinte die Beamtin.

Da die Autos ohnehin nur im Schritttempo an uns vorbeifuhren, dauert es keine drei Minuten, bis uns ein freundlicher Tiroler einsteigen ließ. Kaum waren wir auf die Autobahn aufgefahren, überholte uns ein Polizeiauto mit Blaulicht und reihte sich vor uns ein.

„Bayrische Grenzpolizei. Bitte folgen Sie uns", war auf einem Schild zu lesen. Da der Tiroler weder zu schnell gefahren war, noch einen anderen Fahrfehler begangen hatte, vermuteten wir, dass die Polizeikontrolle etwas mit uns Franziskanern zu haben könnte. Schließlich waren wir über die Leitplanke geklettert und zu Fuß über die Grenze gelaufen. Wahrscheinlich hatte der Polizei diese Aktion nicht gefallen.

Wir folgten der Grenzstreife einige Kilometer, bis sie uns beim nächsten Pannenstreifen aufhielten. Blitzschnell stiegen die Beamten aus, liefen auf unser Auto zu und zogen ihre Pistolen.

„Alle sofort aussteigen und Hände hoch", schrien sie uns an. „Hände auf das Autodach und keine falsche Bewegung!"

Dann richteten sie ihre Pistolen auf unsere Köpfe und fragten: „Wo sind die Waffen?"

„Wir haben keine, wir sind Franziskaner", antwortete ich.

Die vorbeifahrenden Autos wurden immer langsamer und die Fahrer verrenkten vor lauter Neugier ihre Köpfe. Als mich ein Polizist abtastete, raschelte in meiner Ärmeltasche ein Schlüsselbund.

„Ich habe eine Waffe gefunden", rief der Polizist seinem Kollegen zu. Da er nicht wusste, wie er in die Ärmeltasche hineinkam, holte ich vorsichtig den Schlüssel hervor und erklärte: „Das ist bei uns keine Waffe."

Dann beruhigten sich die Polizisten, steckten die Pistolen wieder ein und kontrollierten unsere Ausweise. Wir erfuhren, dass sie über die Überwachungskamera beobachtet hatten, wie wir bei der Grenze schnell in ein Auto gesprungen waren. Sie hatten uns für Afrikaner gehalten, die sich über die Grenze schummeln wollten.

„Wir haben es jeden Tag mit so vielen dunklen Typen zu tun", erklärte der voreingenommene Beamte. Entschuldigen wollte er sich für das Missverständnis nicht. Schulterzuckend meinte er zum Abschied: „Ein kleiner Schock kann nicht schaden."

Haarlocken

Früher gab es Klosterfriseure, die uns Franziskanern einmal im Monat die Haare schnitten. Heute gehen wir zum normalen Friseur.

Als ich nach Enns kam und zum ersten Mal einen Friseursalon in der Stadt aufsuchte, sagte die Friseurin zu mir: „Ich kann Ihnen Ihre Haare unmöglich schneiden. Die sind viel zu kompliziert, so viele Locken, das traue ich mir nicht zu."

Ich war ganz verwundert und sagte: „Wenn ich Ihnen einen Tipp geben darf: Andere Friseure machen meine Locken nass, dann gehen sie ganz einfach zu schneiden."

„Nein, Ihre Haare greife ich nicht an. Ich rufe meinen Mann an, der kann Ihnen vielleicht helfen."

„Na pfiat di Gott, wo bin ich denn da jetzt gelandet", dachte ich mir. Nach einer Viertelstunde kam ihr Mann und begutachtete mein Haar.

„Das ist doch kein Problem, das werden wir schon hinbekommen", sagte er fröhlich. Aber auch er hatte sichtlich mit meinen Locken zu kämpfen. Ich schlug erneut vor, meine Locken nass zu machen, aber er verzichtete darauf und meinte: „Nein, die muss man trocken schneiden."

Das Ergebnis war katastrophal. Meine Haare sahen so furchtbar aus, dass ich mich tagelang auf der Straße genierte. Verwunderte Leute sprachen mich an und fragten vorsichtig, ob ich denn eine neue Frisur hätte. Kurzfristig dachte ich darüber nach, mir eine Glatze scheren zu lassen, eine richtige Franziskanerglatze.

Tanzvergnügen

Wenn in Wien alljährlich der Opernball stattfindet, verfolge ich das Spektakel auf einem kleinen Fernseher in der Klosterbibliothek. Schließlich muss man wissen, wie sich die Stars am Tanzparkett anstellen.

Ich selbst absolvierte während meines Studiums einen Kurs, wo Kreistänze zu jüdischen und hebräischen Liedern gelehrt wurden. In einer richtigen Tanzschule war ich nie. Daher beherrsche ich leider nur Grundtänze wie den Walzer und den zu später Stunde üblichen „Freestyle". Ich glaube, ich bin ein guter Tänzer, auch wenn ich nicht ausschließen kann, einer Dame schon einmal auf den Fuß gestiegen zu sein. Meine Tanzqualitäten kann ich hin und wieder bei Hochzeiten unter Beweis stellen.

Wenn ich als Trauungspriester bei der Feier im Gasthaus eingeladen bin, frage ich im Laufe des Abends die Braut, ob sie mit mir tanzen möchte. Sie ist dann meist überrascht, aber bis jetzt hat mir noch keine Dame eine Abfuhr erteilt. Das liegt vielleicht auch an der Hochzeitsgesellschaft, die von meiner Showeinlage stets begeistert ist. „Ein Franziskaner, der in Sandalen und Habit tanzt – wo gibt's denn so etwas?"

Ich darf oft mit den schönsten Frauen tanzen, denn bei einem Pfarrer haben die Männer nie etwas dagegen. Im Gegenteil, oft packen sie ihre Kameras aus und filmen das Spektakel mit. Dann fühle ich mich fast wie ein Star am Opernball.

Sternsingen

Wenn ich mit den Sternsingern von Haus zu Haus gehe, erlebe ich oft die lustigsten Geschichten. Einmal steckte eine einsame, ältere Frau einen Hunderter in die Spendenkasse. Ich war mir damals nicht sicher, ob ihre großzügige Spende beabsichtigt war oder ob sie schon schlecht sah. Daher fragte ich vorsichtig:

„Gnädige Frau, sind Sie sicher, dass Sie hundert Euro spenden wollen?"

Daraufhin wies mich die alte Frau zurecht: „Herr Pfarrer, ich weiß schon, welchen Schein ich in der Hand halte."

Eine Form von Spenden sind auch die Süßigkeiten, die den Kindern beim Sternsingen mitgegeben werden. Manchmal sind es herrliche Pralinen, manchmal auch grausliche Kekse, die zu Weihnachten übrig geblieben waren.

Heuer hatte ich eine besondere Begegnung mit einer Musiklehrerin. Ehrlichen Herzens sagte sie zu mir: „Pater Martin, heuer singen die Kinder aber falsch!"

Da schluckte ich, denn ich bildete mir ein, dass sie das Lied „Wir tragen dein Licht" ganz passabel singen würden.

Doch sie erklärte mir: „Die Kinder trifft ja gar keine Schuld. Das Lied ist einfach zu schwierig, das können sie nicht singen."

Ich war der Musiklehrerin sehr dankbar für ihren Hinweis. Im nächsten Jahr werde ich ein einfacheres Lied aussuchen. Obwohl viele Kinder ohnehin Jahr für Jahr das gleiche Lied „Stern über Bethlehem" singen, ganz egal welches Lied der Pfarrer daherbringt.

Papierflieger

Einige Wochen vor der Firmung gestalten die Firmlinge einen Gottesdienst, um sich der Pfarrgemeinde vorzustellen. Diese Messe unterscheidet sich oft von gewöhnlichen Sonntagsgottesdiensten.

Im Jahr 2011 erklang zum Einzug eine moderne Musik, zu der die Firmlinge in die Kirche eintanzten. Bei den Fürbitten schrieben sie ihre Wünsche an Gott auf Zettel und ließen sie danach als Papierflieger aufsteigen. Sie wollten symbolisch ihre Bitten zu Gott hinauffliegen lassen. Als es so weit war, stand ein Gottesdienstbesucher wütend auf und marschierte nach vorn zum Ambo.

Er eröffnete seine Rede an das Kirchenvolk mit den Worten „Gelobt sei Jesus Christus" und meinte, dass wir hier nicht im Theater seien, sondern in der Kirche. Außerdem würde der liebe Gott Messfeiern dieser Art sicher nicht dulden und auch Papierflieger würden sich in der Kirche nicht gehören. Die Situation war kurios, denn so mancher Messbesucher glaubte, dass seine Ansprache zur Messe dazugehörte. Andere wiederum wollten von den Kirchenbänken aufstehen und den aufgebrachten Mann vom Ambo wegführen.

Die angespannte Situation löste sich von selbst auf, als der Mann seine Rede beendete und den Gottesdienst verließ. Ich kannte ihn, da er einige Wochen zuvor bei mir in der Pfarrkanzlei gewesen war und mir gesagt hatte, dass er meine Messen nicht aushalte.

Einen Monat nach dem Vorfall mit den Papierfliegern kam er noch einmal zu mir und entschuldigte sich. Er erzählte mir, dass es ihm wichtig sei, dass seine beiden Töchter in die Kirche gehen. Und die hatten ihm gesagt: „Papa, wir gehen in die Familienmesse und nicht in die langweilige Früh- oder Abendmesse."

Die Aussage seiner Töchter hatte dazu geführt, dass er seine Meinung änderte und eingestand: „Pater Martin, wenn meine Kinder zu dir in die Familienmesse gehen wollen, dann kann sie doch nicht so schlecht sein."

Die betende Kuh

Seit einigen Jahren gibt es in vielen Pfarren Tiersegnungen. Dabei können die Menschen ihre Haustiere zum Altar oder vor die Kirche mitnehmen. Normalerweise segne ich Hunde und Katzen, Goldhamster, Meerschweinchen und manchmal sogar Eidechsen.

Als ich einmal einen Papageien zum Mikrofon hielt, sagte er: „Guten Tag."

Ein anderes Mal brachten Kinder ihre Plüsch- und Kuscheltiere mit. Auch Fotos durfte ich schon segnen, denn manche Haustiere, wie beispielsweise Vögel in großen Käfigen, lassen sich nicht so einfach in die Kirche mitnehmen.

An ein Tier kann ich mich besonders gut erinnern: Damals brachte ein Ennsdorfer Bauer eine junge Kuh mit auf den Kirchenplatz. Genau in dem Moment, als ich gerade das Segnungsgebet fertiggesprochen und mit der Pfarrgemeinde zum gemeinsamen „Amen" angesetzt hatte, muhte die Kuh laut auf.

„Der Vater, der Sohn und der Heilige Geist." Muuhhhh.

Natürlich konnten sich die meisten Kirchenbesucher das Lachen nicht verkneifen.

Bei Tiersegnungen wünsche ich den Menschen, dass sie Freude mit ihren Tieren und die nötige Kraft für einen guten Umgang mit ihnen haben.

Wenn ich Tiersegnungen anbiete, muss ich an Franz von Assisi denken. Er sprach und sang mit Tieren und sah sie als seine Schwestern und Brüder an.

Ich glaube, dass Tiere die Segnung nicht verstehen und segne daher den Menschen. Obwohl ich mir da, seit der Kuh, die Amen muhte, nicht mehr so sicher bin.

Nächtlicher Besuch

In einer Frühlingsnacht saß ich am Schreibtisch und schrieb einen Artikel für den „Ennser Turm". Plötzlich hörte ich schräg unter meinem Fenster ein eigenartiges Geräusch. Es hörte sich an, als würde jemand die Tür zum Klostergarten mit einer Feile bearbeiten.

„Das ist eine steile Sache", dachte ich mir. „Da brennt in meinem Zimmer noch Licht und trotzdem versucht jemand, hier einzubrechen."

Ich drehte das Licht ab und achtete darauf, was passierte.

Da der Unbekannte weiterschliff, riskierte ich einen vorsichtigen Blick aus dem Fenster. Ich konnte niemanden erkennen, also vermutete ich, dass der Einbrecher eine Tarnkleidung trug. Um ihn zu verjagen, schaltete ich ein paar Mal das Licht im Zimmer ein und aus, doch auch das änderte nichts – der Fremde bearbeitete die Tür unbeirrt weiter.

Ich erinnerte mich an eine Geistergeschichte meiner Oma, die einmal Sensengeräusche im Stall gehört haben wollte. Vielleicht bildete ich mir jetzt auch schon solche Schauergeschichten ein.

Um der Sache auf den Grund zu gehen, schlich ich mich die Stiegen hinunter, hinein in den Klostergarten. Dort hörte ich das Schleifgeräusch noch deutlicher. Da kratzte garantiert jemand an der Tür, doch ich konnte niemanden erkennen.

Ich bekam es mit der Angst zu tun, ging wieder hinauf auf mein Zimmer und suchte eine Taschenlampe. Dann nahm ich all meinen Mut zusammen, öffnete das Fenster, zählte bis drei – eins, zwei, drei – und leuchtete zur Tür.

Im ersten Moment war nichts zu erkennen, doch dann entdeckte ich die Übeltäter. Es waren zwei kleine Igel, die ununterbrochen im Kreis liefen. Es war wohl gerade Paarungszeit, und das Igelmännchen lief dem Weibchen nach. Dabei schliffen sie mit ihren Stacheln am Metallverschlag der Tür entlang.

Ich musste lachen und gleichzeitig staunen, dass zwei Igel mich so sehr zum Fürchten gebracht hatten.

Prüfungen

Wenn jemand stirbt, besuche ich die Trauerfamilie, um Trost zu spenden und über das Begräbnis zu sprechen. Ich versuche, möglichst viel über die verstorbene Person zu erfahren, damit ich den Gottesdienst so persönlich wie möglich gestalten kann. Einmal war ich bei einer Familie zu Gast, die mir viele interessante Details aus dem Leben des Verstorbenen erzählte. Zufrieden wollte ich gerade nach Hause gehen, da bemerkte ich, dass ihnen noch etwas am Herzen lag.

„Pater Martin, es ist uns ein bisschen peinlich, aber wir hätten da noch ein großes Anliegen", leiteten sie ihre Frage zögernd ein. „Wäre es möglich, dass du uns bei der Messe nicht so stark prüfst?"

Im ersten Moment stand ich auf der Leitung. Was sollte ich denn bei der Messe prüfen? Ich bin ja kein Lehrer.

„Du stellst ja immer so Fragen, und die Leute müssen antworten. Wir haben das nie gelernt."

Da wurde mir klar, was gemeint war. Wenn ich während des Gottesdienstes beispielsweise sage: „Der Herr sei mit euch", antwortet das Kirchenvolk mit den Worten „Und mit deinem Geiste".

Solche klassischen Antworten verwende ich ohnehin nur noch bei Gottesdiensten unter der Woche. Da gehen jene Freaks in die Kirche, die damit noch etwas anfangen können. Bei Begräbnissen, Hochzeiten und Taufen verzichte ich auf diese Rituale, da meiner Erfahrung nach viele Leute mit den Antworten nicht mehr vertraut sind. Ich verwende stattdessen lieber eigene Worte. Was habe ich davon, wenn die auswendig gelernten Phrasen brav, aber gebetsmühlenartig heruntergeleiert werden, mir dafür aber niemand zuhört?

Franz von Assisi

Eines späten Abends klopfte ein Pilger an die Tür des Villacher Klosters. Er hatte einen Schäferhund bei sich und fragte nach einer Bleibe für die Nacht. Bei uns im Kloster gibt es einen Spruch, der lautet: „Kommt ein Pilger oder Gast, kommt Jesus." – und den kann man wohl schlecht rausschmeißen. Also bat ich den Pilger herein. Er erzählte mir, dass er gerade am Jakobsweg unterwegs war. Als treuen Gefährten hatte er seinen Hund auf die Reise mitgenommen und war sonst nur mit Pilgerstock, Rucksack und Schlafsack ausgerüstet.

„Das würde Franz von Assisi gefallen", sagte ich und erzählte ihm von unserem Ordensgründer: Dieser lebte Ende des 12. und Anfang des 13. Jahrhunderts nach dem Vorbild von Jesus. Er war auch Mitbegründer des Frauenordens der Klarissen und konnte laut Erzählungen mit Tieren sprechen.

Am 4. Oktober, dem Welttierschutztag, ist sein Festtag. Franz von Assisi war ein großer Freund der Tiere und wird als erster Tierschützer der Geschichte bezeichnet.

Da ich den Pilger mit meiner Erzählung offenbar noch nicht langweilte und gerade so richtig in Fahrt kam, erzählte ich auch davon, dass Franz von Assisi der erste Christ war, der mit einer anderen Religion angstfrei in Kontakt trat. Während die meisten Christen zu seiner Zeit den Islam mit allen Mitteln bekämpften, suchte er den friedlichen Dialog.

„Und wie erkennt man euch Franziskaner?", fragte der Pilger.

"Wir tragen alle einen erdfarbenen Habit, der uns an Mutter Erde erinnert. Als Gürtel verwenden wir ein weißes Seil, das drei Knoten enthält. Diese stehen für die Armut, Ehelosigkeit und den Gehorsam. Wobei mit Gehorsam das Aufhorchen gemeint ist, das Hören auf Mitmenschen und Gott. Zusätzlich tragen manche von uns das Taukreuz, ein von Franz von Assisi gewähltes Kennzeichen des Ordens."

Während ich den Pilger zu seinem Zimmer führte, fragte er: „Und wie verdient ihr euren Unterhalt? Ich habe gehört, dass ihr ein Bettelorden seid."

Ich erklärte ihm, dass wir bescheiden sind und manchmal handwerkliche Arbeiten ausüben, aber vor allem in Schulen unterrichten und Seelsorge leisten. Unsere Aufgabe besteht darin, uns für den Menschen einzusetzen – für Arme und Benachteiligte. Franziskaner sind immer dort, wo Menschen sind. In Österreich sind wir mit insgesamt 130 Brüdern in fast allen Bundesländern tätig. Weltweit haben wir rund 16.000 Mitglieder.

Der Pilger war erstaunt, bedankte sich für meine Erzählungen, für die nächtliche Aufnahme im Kloster und bezog gemeinsam mit seinem Hund das Zimmer. Am frühen Morgen setzte er gut ausgeschlafen seinen Weg fort. Vielleicht folgte der Pilger nun den Spuren des Franz von Assisi.

Krankensalbung

Lange Zeit betreute ich eine ältere Frau, der es gesundheitlich nicht mehr gut ging. Sie wurde regelmäßig im Ennser Krankenhaus behandelt und freute sich immer sehr, wenn ich sie besuchen kam.

„Pater Martin, wenn du kommst, geht es mir immer gleich besser", sagte sie.

Eines Tages war ihr Zustand so schlecht, dass mich ihre Angehörigen anriefen. „Pater Martin, die Mama packt es jetzt nicht mehr", erzählten sie mir und baten für sie um die Letzte Ölung.

Und tatsächlich, als ich kurze Zeit später vor ihrem Krankenbett stand, war sie schon bewusstlos und sah mehr tot als lebendig aus. Sofort startete ich mit der Krankensalbung und betete mit den anwesenden Verwandten.

Auf einmal riss die Frau die Augen auf. Sie hatte bemerkt, was sich rund um sie abspielte. Dann lächelte sie und sagte mit erstaunlich kraftvoller Stimme: „Pater Martin, wenn du da bist, sterbe ich noch nicht."

Teufelsaustreibung

Im Evangelium heißt es, Jesus habe zahlreiche Menschen von Besessenheit befreit. Die Textstellen in der Bibel meinen höchstwahrscheinlich, dass Jesus kranke Menschen heilte, denn das griechische Wort für Besessenheit steht genauso für Krankheit.

Möglich ist auch, dass er die Menschen von allen Zwängen befreite, also von gesellschaftlichen Verhaltensweisen und Meinungen, die ja auch krankmachen können. Im Mittelalter beauftragten Bischöfe der Kirche so manchen Priester, den Exorzismus auszuüben. Sie sollten aus Menschen den Teufel austreiben.

Für mich ist Exorzismus ein heikles Thema. Ich halte die Idee, die dahinter steckt, sowie die ernsthafte Ausübung von Exorzismen für problematisch. Wobei ja behauptet wird, dass auch ich in Enns als Exorzist im Einsatz war.

Ich wurde im Jahr 2010 nach Enns entsandt, um den damaligen Pfarrer abzulösen. Dieser hieß mit Nachnamen Teufl. Ich trieb also, wenn man es wörtlich und mit einer Portion Humor nimmt, aus Enns den Teufel aus.

Friedensgruß

Als Mitte der 6oer Jahre der Friedensgruß in den Gottesdiensten eingeführt wurde, war diese Geste noch sehr umstritten. In der Kirche hatte man große Probleme mit Berührungen, da diese als erotisch empfunden werden konnten.

Aus diesem Grund gab es lange Zeit Pfarrer, die den Friedensgruß in ihrer Gemeinde weiterhin nicht zuließen. Nach den Worten des Pfarrers „Der Friede des Herrn sei allezeit mit euch. Und mit deinem Geiste" wurde die Messe ohne Unterbrechung fortgeführt.

Einmal nahm ich bei einem Gottesdienst in Tirol als Messbesucher teil. Mir fiel auf, dass der Pfarrer den Friedensgruß nicht an die Ministranten weitergab. Einige Kirchenbesucher und ich hatten aber das Bedürfnis, dem Sitznachbarn die Hand zu reichen.

Da erklärte mir ein strammer Herr mit Andreas-Hofer-Bart: „Pater, das ist bei uns nicht üblich. Dieses Tamtam brauchen und kennen wir nicht."

Ich war ziemlich verblüfft. Doch als ich wenige Jahre später erneut diese Kirche besuchte, reichten sich auch hier die Menschen fröhlich die Hand zum Friedensgruß.

Zukunftsvision

Gebete haben eine besondere Kraft. Das merkte ich einmal, als ich auf die Intensivstation gerufen wurde. Ich formulierte positive Gedanken und sprach aufbauende Gebete, um einer Frau, die im Sterben lag, Kraft zu spenden. Plötzlich sagte sie zu mir: „Pater Martin, eigentlich wollte ich sterben. Aber jetzt, wo du so gut gebetet hast, kann ich nicht mehr."

Das war ziemlich skurril, doch die Frau meinte es ernst. Sie hätte es lieber gehabt, wenn ich mehr vom Tod als vom Leben gesprochen hätte und gehofft, dass ich sie als Pfarrer zum Tod begleite. Stattdessen hatte ich ihr wieder Lust auf das Leben gemacht.

Im Alten Testament steht sinngemäß: „Wir reden vom Diesseits. Vom Jenseits wissen wir nichts, also ist es nicht sinnvoll, darüber zu reden."

Daran halte ich mich auch am Sterbebett. Für mich ist es nicht stimmig, einer sterbenden Person irgendetwas zu erzählen, was bald sein könnte. Ich bin da, damit die Person mit der Angst des Sterbens nicht alleine ist. Wenn ich am Bett bete, möchte ich ihr das Gefühl vermitteln, dass Gott da ist und sie sich in die Hände Gottes hineinlegen darf.

Natürlich bietet Religion auch eine Vision für die Zukunft. Fast alle Religionen sind der Meinung, dass es nach dem Tod weitergeht und spannend bleibt. Dazu gehört auch das Bild des Gelobten Landes in der Bibel. Dieses Bildnis ist für gläubige Menschen die Triebfeder, die sie auch in schweren Zeiten hoffen lässt, dass es in Zukunft besser wird.

Ich verstehe Religion und den Glauben aber vor allem als Hoffnung für das Jetzt, denn das Leben spielt sich ja in der Gegenwart ab. Das Vertrösten auf eine Zukunft ist nicht mein Ziel.

Amen und Aus

Ich habe es schon oft erlebt, dass Menschen einen Pfarrer zum Sterben brauchen. Sie nehmen alle Kraft zusammen und warten so lange, bis ein Pfarrer bei ihnen ist.

Einmal war ich gerade auf einer Veranstaltung, als das Telefon läutete: „Pater Martin, dem Papa geht's nicht gut."

Die Anruferin meinte, es wäre schon sehr ernst. Da ich nicht sofort kommen konnte, wollte ich zuerst einen Mitbruder schicken. Aber die Frau meinte, dass sie die eine Stunde schon noch warten könnten.

Als ich endlich dort war, sah ich, dass es schon allerhöchste Zeit war. Der alte Mann lag in seinem Bett und wartete mit letzter Kraft nur noch auf einen Priester. Obwohl er schon schwer dement war, erkannte er mich. Ich führte die Krankensalbung im Schnellverfahren durch. Als ich fertig war, sah er mich intensiv an und schloss dann die Augen.

Im selben Moment hörte er auf zu atmen und auch der Pulsschlag setzte aus.

Alkoholprobleme

Ich bin Antialkoholiker. Ich habe mich für diese Lebensweise entschieden, als ich zwanzig Jahre alt war. Damals hatte ich im Kloster in Salzburg sehr viel mit Alkoholikern zu tun.

Wir jungen Franziskaner betreuten Obdachlose, bereiteten ihnen ein Essen zu und richteten für sie einen Raum ein. Wir organisierten auch eine Waschmaschine, damit sie ihre Kleider wechseln und waschen konnten.

Der Alkohol war für die Obdachlosen ein massives Problem. Um sie bei der Entwöhnung zu unterstützen, beschlossen ein paar meiner Mitbrüder und ich, künftig keinen Alkohol mehr zu trinken. Wir konnten damit bei unserer Arbeit mit den Obdachlosen glaubhafter wirken.

Ein weiterer Grund für diese Entscheidung waren natürlich auch ältere Mitbrüder in diversen Klöstern, die ebenfalls Alkoholprobleme hatten. Wir Jungen wollten Vorbilder werden und solidarisierten uns bei Feiern im Kloster mit jenen Brüdern, die nichts trinken durften.

Klöster werden oft mit Alkohol in Verbindung gebracht, man denke an Stiftsbrauereien oder an das Franziskanerbräu, ein Vorläufer des heutigen Oktoberfest-Biers in München. In der Realität sieht die Sache bei uns Franziskanern anders aus.

Bis heute trinke ich keinen Tropfen Alkohol, zumindest wenn man vom Messwein absieht, der nach der Wandlung ja kein Wein mehr, sondern das Blut Christi ist. Ein gesellschaftlicher Sinn des Alkohols ist es ja, lustig zu werden. Menschen, die mich kennen, wissen, dass ich auch so ein fröhlicher Mensch und für jeden Spaß zu haben bin.

Orgelschreck

Die Orgel hat Tradition in der Kirche und ist bei Messfeiern nicht wegzudenken. Das bemerkte ich eines Sonntags ganz besonders, als ich mit den Ministranten in die Kirche einzog, um die Messe zu feiern.

Normalerweise ertönt zu dieser Zeit feierlich die Orgel. Doch an diesem Tag kam nichts, die Orgel blieb stumm. Es waren nur unsere Schritte und ein paar Huster in den Bankreihen zu hören.

Das war eine unangenehme Situation für mich und ich wusste im ersten Moment nicht, was ich tun sollte. Gott sei Dank hatte ich ein einfaches Eröffnungslied ausgesucht und schaffte es, ohne Musikbegleitung anzustimmen. Mit der Zeit konnte ich die Mehrheit der Kirchenbesucher zum Mitsingen bewegen.

Als wir gerade mitten in der zweiten Strophe waren, setzte die Orgel plötzlich ein. Die Leute erschraken, viele schmunzelten und ein paar mussten sogar laut lachen. Der Organist erzählte mir nach der Messe, dass er sich leider verspätet hatte.

Das war aber eine absolute Ausnahme. Organisten sind normalerweise sehr verlässliche Menschen, auch wenn manche während der Predigt am Kirchenplatz spazieren gehen oder Bücher lesen.

Wenn es darauf ankommt, sind sie immer zur Stelle.

Verlorene Schäfchen

Die Neumissionierung von Christen sehe ich nicht als meine Aufgabe. Als Franziskaner möchte ich bei den Menschen in meiner Pfarre sein und mit ihnen den spirituellen Weg in allen Lebenssituationen gehen, bei Festen wie Taufen und Hochzeiten, aber genauso bei Krankheit, Trauer und Tod.

Wenn Eltern ihre Kinder taufen lassen, dann freue ich mich. Wenn ein Mitglied aus der Kirche austreten möchte, respektiere ich das, nehme aber mit der betroffenen Person Kontakt auf, um über die Gründe des Austritts zu sprechen. Die Reaktionen sind unterschiedlich: „Sei mir nicht böse, du bist ein lässiger Pfarrer, aber mit dem Mitgliedsbeitrag kann ich nichts anfangen."

Auch die Gründe für den Austritt sind vielschichtig: Manchmal gibt es Konflikte mit dem Pfarrer, manchmal liegt es an den Missbrauchsfällen, die es in der Kirche immer wieder gegeben hat.

Zu neunzig Prozent wollen die Menschen jedoch den Kirchenbeitrag nicht bezahlen. Dabei kann man diesen für spezielle Hilfsprojekte oder für die eigene Pfarre auch zweckwidmen.

Wenn jemand stirbt, der nicht mehr Mitglied der Kirche war und mich die Angehörigen um eine Begräbnisfeier bitten, dann bin ich trotzdem gerne dazu bereit, einen Wortgottesdienst abzuhalten – Kirchenbeitrag hin oder her.

Mein Credo lautet: Einmal getauft, immer getauft.

Tischgebet

Meine Mutter brachte meinen vier Geschwistern und mir am Bauernhof das Kochen bei. Speziell, wenn es zu Mittag Gerichte wie Palatschinken gab, mussten alle in der Küche zusammenhelfen.

Wäre meine Mutter alleine in der Küche gestanden, hätte es ewig gedauert, bis alle Kinder mit Palatschinken versorgt gewesen wären. Auch wenn wir bestimmte Speisewünsche hatten, mussten wir selbst an den Herd.

So lernte ich zum Beispiel Osttiroler Speckknödel und Schlutzkrapfen. (Das ist Erdäpfelteig – gefüllt mit Topfen oder Spinat.) Diese Gerichte bereite ich auch heute noch gerne zu, wenn unsere Köchin im Kloster Urlaub hat. Ich verwende dabei so oft wie möglich das Gemüse, das wir im Klostergarten anbauen.

Wenn das Essen angerichtet ist, sprechen wir ein gemeinsames Tischgebet. Am Morgen ein schnelles, zu Mittag ein langes und am Abend wieder ein schnelles. Dreimal.

Die Kirchenglocken erinnern uns jeden Tag daran. Da wir genug Gebete auswendig können, verwenden wir dabei keinen Gebetswürfel, wie es in vielen Familien oft der Brauch ist. Wenn der Hunger groß ist, dann würde ich manchmal gerne einfach nur sagen: „Herr, segne diese Schissl, dass ma gnuag ham mit dem Bissl."

Putzmittel

Einmal gab es ein Franziskanertreffen in Tirol. Da es bei solchen Treffen am Abend üblich war, eine Klosterparty zu feiern, nahm ich als Mitbringsel ein 25-Liter-Fass Bier aus der Villacher Brauerei mit.

Während der Party stellte ich das Bierfass mitten im Speisesaal vor den versammelten Mitbrüdern auf. Alle Blicke waren auf mich gerichtet, als ich den Schlägel ansetzte und den Zapfhahn ins Fass klopfte. Der erste Schlag ging gut, und meine Mitbrüder hielten mir schon durstig ihre leeren Gläser entgegen.

In meinem Übermut setzte ich zum Nachschlag an, traf aber ungeschickt und der Zapfhahn saß schief. Auf einmal zischte ein gewaltiger Bierstrahl seitlich des Zapfhahns aus einer Öffnung heraus und spritzte auf meine Mitbrüder, die lachend das Weite suchten. Ich versuchte noch, das Loch mit der Hand zuzudrücken, doch der Strahl verteilte sich dadurch erst recht im ganzen Raum.

Mein Habit war voll mit Bier und auf meinem Kopf bildete sich eine Schaumhaube. Es dauerte eine Weile, bis ich es schaffte, das Loch mit einem weiteren Schlag auf den Zapfhahn zu schließen. Nach meinem Missgeschick war das Fass schon halb leer. Nicht nur meine Mitbrüder und mich hatte es voll erwischt, auch die Ahnengalerie des Ordens hatte einiges abbekommen. Die Heiligen in den Wandbildern trugen nun alle einen Bart aus Bierschaum.

Aus der Klosterparty wurde schlussendlich eine Putzparty. Da das Bier die oberste Schmutz- und Staubschicht der Heiligenbilder gelöst hatte, sahen sie nach unserer Bierschlacht wie frisch renoviert aus – fast wie neu. Ich hätte nie gedacht, dass Bier ein so gutes Putzmittel ist.

Klosterscherze

Im Kloster kann es manchmal ganz schön lustig zugehen. Man erzählt sich Witze oder spielt sich gegenseitig einen Streich. Einmal hängte ich einem Mitbruder die Tür seiner Klosterzelle aus und versteckte sie. Das bemerkte er erst, als er spät abends nach Hause kam. Er musste die ganze Nacht ohne Tür schlafen, was an sich kein Problem gewesen wäre, wenn es da nicht diese Kuckucksuhr gegeben hätte, die einem bei offener Tür jede volle Stunde aus dem Schlaf riss.

Die Vergeltung ließ nur wenige Tage auf sich warten. Es war gegen zwei Uhr früh, als plötzlich ein Wecker in meiner Klosterzelle läutete. Das unerträgliche Gequietsche schallte durch den ganzen Raum und war kaum auszuhalten. Da ich am Nachtkästchen ins Leere griff, musste ich im Halbschlaf aufstehen und den Wecker suchen.

Zunächst hatte ich überhaupt keine Orientierung. Ich suchte vergeblich in allen Schubladen, im Kleiderkasten und zuletzt unter dem Bett. Dort fand ich schließlich den blöden Wecker. Als ich versuchte, ihn abzustellen, bemerkte ich, dass der Knopf dazu ausgehängt war. Außerdem war der Wecker mit Superkleber zugeklebt, sodass ich keine Chance hatte, das Batteriefach zu öffnen.

Nachdem ich den heulenden Wecker fünf Minuten vergeblich bearbeitet hatte, packte ich das Gerät und warf es verzweifelt aus dem Fenster. Nach einiger Zeit öffnete sich im Nebenzimmer das Fenster. Einer meiner Mitbrüder wunderte sich, warum im Gemüsebeet ein Wecker quietschte. Nach rund einer Stunde ging dem Wecker endlich der Saft aus. Und während sich meine Mitbrüder einige Klosterwände weiter ins Fäustchen lachten, konnte ich endlich wieder schlafen.

Kirchenbänke

In der St. Michaelskirche in Innichen gibt es sehr alte Kirchenbänke aus Holz. Einmal kam ein Ehepaar zu mir und fragte
mich, ob es sich die Kirchenbänke, die sich an der Orgelempore
befanden, ansehen dürften.

Ich war erstaunt, willigte aber natürlich ein und begleitete das
Paar die Stiegen hinauf zur Orgel. Dort beobachtete ich, wie es
jede Bank genau unter die Lupe nahm.

„Da ist es", rief die Frau plötzlich und zeigte erfreut auf zwei
Buchstaben, die im Holz eingeritzt und durch ein Plus-Zeichen
verbunden waren.

„Weißt du Martin, hier stehen die Anfangsbuchstaben unserer Vornamen. Wir haben sie vor zwanzig Jahren mit unseren
Fingernägeln eingeritzt", erklärte mir das Paar. „Wir waren damals frisch verliebt und hielten während der Messe lieber aufgeregt Händchen, statt dem Priester bei der Predigt zuzuhören."

Kommunionsspende

Menschen, die nur hin und wieder eine Messe besuchen, fürchten sich manchmal vor der Kommunion, weil sie sich da aktiv an der Feier beteiligen müssen. Sie haben Angst davor, etwas falsch zu machen oder zu vergessen.

Kürzlich kam in der Ennser Stadtpfarrkirche ein Mann nach vorne und verwechselte die Kommunion mit einer Spendensammlung. Als ich ihm die Hostie mit den Worten „Der Leib Christi" entgegenstreckte, schaute mich der Mann irritiert an und warf einen 10-Euro-Schein in den Kelch.

Ich war etwas verwirrt, bedankte mich aber für die Spende und tat so, als wäre alles in bester Ordnung. Die Leute, die sich hinter dem Mann anstellten, konnten ihr Schmunzeln nicht ganz unterdrücken.

Auch an einem Palmsonntag hatte ich einmal eine unfreiwillig komische Begegnung: Als ich einer Frau die Kommunion spenden wollte, sagte sie zu mir: „Für mich bitte ohne Alkohol."

So stirbt sich`s nun gut

Einmal wurde ich zu einer Frau auf die Intensivstation gerufen. Sie war schon über 80 Jahre alt und litt an einer schweren Lungenentzündung. Die Krankenschwester meinte, dass sie in einem Moment des Bewusstseins nach einem Priester gefragt hätte.

Als ich vor ihr stand und die Krankensalbung durchführte, wachte sie auf und fragte mich tatsächlich nach der heiligen Kommunion. Ich hatte jedoch keine Hostien bei mir, denn normalerweise können Patienten auf der Intensivstation kaum noch etwas hinunterschlucken. Natürlich tat ich ihr den Gefallen, holte aus der Krankenhauskapelle eine Hostie und spendete ihr die Kommunion.

Die Frau hatte große Schwierigkeiten, die Hostie zu schlucken, schaffte es aber und lächelte danach glücklich.

„Pater Martin, ich danke dir. So stirbt sich's nun gut."

Die Frau lebte schließlich noch einige Monate lang. Schon zwei Tage nach meinem Besuch ging es ihr wieder so gut, dass sie von der Intensivstation in ein anderes Krankenhaus zur Reha geschickt wurde. Die Krankenschwestern staunen oft darüber, dass die Krankensalbung bei manchen Menschen wie ein Wunder wirkt.

Wasserloch

Der „Katharinenberg" ist der höchste Berg im Sinaigebirge. Gemeinsam mit zwei Mitbrüdern wollte ich diesen Berg besteigen und am Gipfel übernachten. Die Mönche im Katharinen-Kloster gaben uns den Tipp, viel Wasser mitzunehmen. Also packte jeder von uns acht Liter Quellwasser ein.

Die Mönche behielten recht, denn die brennende Nachmittagssonne trocknete uns derart aus, dass wir bereits beim Anstieg einen Großteil unserer Vorräte verbraucht hatten. Im letzten Viertel der Strecke entdeckte ich auf einmal ein grünes Buschwerk in der Ferne. In der Hoffnung auf Wasser ging ich der Sache auf den Grund. Tatsächlich entdeckte ich hinter den Büschen einen unterirdischen See im Berg.

Das Wasser war erstaunlich kühl und wirkte, obwohl es ein stehendes Gewässer war, halbwegs sauber. Wir füllten zur Sicherheit unsere leeren Flaschen damit an, zogen weiter und erreichten wenig später den Gipfel. In der Nacht gingen unsere anfänglichen Wasservorräte tatsächlich zur Neige und wir mussten auf das unbekannte Wasser aus dem Wasserloch zurückgreifen.

Da mein Magen am meisten aushielt, wurde ich zur Versuchsperson ernannt. Ich hatte keine große Angst, da ich auch in Jerusalem im Kloster aus der Wasserleitung trank, während meine Mitbrüder nur das Wasser aus der Chlormaschine zu sich nahmen.

Mein Magen hatte sich daran gewöhnt und war tatsächlich etwas abgehärtet. Ich kostete also das unbekannte Bergwasser und wartete die Reaktion meines Magens ab. Da es mir weiterhin gut ging, nahmen auch meine Kollegen einen kräftigen Schluck.

Als wir am nächsten Tag das Tal erreichten, rannten wir in den erstbesten Shop und kauften uns literweise Cola – denn Schnaps gab es leider keinen. Wir wollten auf Nummer sicher gehen und unsere Mägen desinfizieren.

Heute weiß ich, dass die Wasserlöcher am Sinai aus Schmelzwasser bestehen, das im Inneren des Berges konserviert wird. Vielleicht hatte auch Mose am Berg Sinai ein Wasserloch entdeckt, als seine Anhänger Durst gehabt hatten. Der Geschichte nach hatte er mit einem Stab auf einen Felsen geschlagen, aus dem kurz darauf Wasser geflossen war.

Busfahrt

Während meines Auslandsjahres erlebte ich die aufregendste Busfahrt meines Lebens. Ich saß mit zwei Mitbrüdern in der letzten Reihe eines Linienbusses und war auf dem Weg von Jericho nach Jerusalem. Die Straße war sehr steil und holprig.

Plötzlich stoppte der Bus mitten auf der Strecke, um einen Mann einsteigen zu lassen. In Israel war es damals üblich, dass Busse nicht nur bei Haltestellen hielten, sondern auch auf der Strecke immer wieder Leute aufsammelten.

Der Mann stieg ein und tat, als wollte er eine Fahrkarte lösen. In dem Moment, als der Busfahrer die Fahrkarte ausdrucken wollte, zog der Mann unter seinem Palästinensergewand eine lange Eisenstange hervor und schlug mit voller Wucht auf den Kopf des Busfahrers ein. Da brach Chaos im Bus aus.

Die Leute schrien und sprangen von ihren Sitzplätzen auf. Manche versuchten hysterisch, die Fenster einzuschlagen, um dem Überfall zu entkommen. Der Angreifer rastete völlig aus und schlug wie wild um sich. Ich war geschockt und begann mich mit dem Gedanken anzufreunden, dass mein Leben nun zu Ende gehen würde. Während ich ein Stoßgebet zum Himmel schickte, gelang es einem Fahrgast unerwartet, den Angreifer zu entwaffnen. Dann ging alles ganz schnell.

Der Unbekannte wurde aus dem Bus auf die Straße geworfen, eine Gruppe Männer stieg mit aus und drosch so lange auf ihn ein, bis er sich nicht mehr rührte und neben einem Busch benommen liegen blieb. Währenddessen kümmerten sich andere Fahrgäste um den mit Blut überströmten Busfahrer. Da kein Erste-Hilfe-Koffer zur Verfügung stand, wurden seine Wunden nur mit Wasser ausgewaschen und notdürftig mit Kleidungsstücken verbunden. Da standen wir nun also – mitten auf einer steilen Gebirgsstraße mit engen Kurven und gefährlichen Abgründen.

Da sich keiner der Mitreisenden zutraute, den Bus heil über den steilen Pass zu bringen, musste der zusammengeschlagene Busfahrer nach einigen Minuten Pause selber zurück ans Steuer.

Während der Fahrt versuchten wir, ihn mit Gesprächen bei Bewusstsein zu halten. Außerdem beobachteten wir jeden seiner Handgriffe, um zu vermeiden, plötzlich einen Abgrund hinunterzurollen. Mit großer Verspätung, doch gesund und lebendig, kamen wir schließlich in Jerusalem an.

Der plötzliche Überfall war wahrscheinlich auf eine Lynchjustiz-Aktion zurückzuführen, der Angreifer hatte mit dem Busfahrer also eine Rechnung offen gehabt. Den genauen Grund erfuhren wir nie. Wir gaben uns damit zufrieden, diese Busfahrt überlebt zu haben.

Pyramidenschreck

Während meines Studienjahres in Jerusalem besuchte ich einmal ein Franziskanerkloster in Gizeh. Bei dieser Gelegenheit erkundeten zwei Mitbrüder und ich auch die berühmten Pyramiden. Bei ihrem Anblick dachten wir uns, dass es sicher ein beeindruckendes Gefühl wäre, auf eines dieser Weltwunder hinaufzuklettern und den Ausblick zu genießen.

„Nein, das ist strengstens verboten. Ich kann euch höchstens zwei bis drei Stufen hinauflassen, damit ihr ein Foto schießen könnt", meinte ein Tourismus-Mitarbeiter. Auch nach längerer Diskussion ließ er nicht locker und erklärte uns, dass schon viele Touristen von den Pyramiden heruntergefallen wären oder sich beim Aufstieg verletzt hätten. Wir wollten ihn bestechen, doch auch das klappte nicht.

„Das hat keinen Sinn", sagte er. „Wenn andere sehen, dass ich euch hinauflasse, bekomme ich einen Anschiss."

Enttäuscht zogen wir ab. Doch in der Nacht versuchten wir unser Glück erneut. Da ein Teil der Pyramiden beleuchtet wurde, schlichen wir uns von der rückwärtigen Seite an. Wir waren nur wenige Meter von der Cheopspyramide entfernt und freuten uns auf den abenteuerlichen Aufstieg. Plötzlich tauchte ein Wächter mit einem riesigen Gewehr vor uns auf und schrie: „Verschwindet sofort oder ich schieße!" Die Waffe, die er uns vor die Nase hielt, war geladen und sicher eineinhalb Meter lang.

Sofort kehrten wir um und rannten, was das Zeug hielt, denn seine Drohung klang ernst. Wir dachten, dass dem Wächter wahrscheinlich gar nichts passieren würde, wenn er uns jetzt erschießen würde. Als wir außer Sichtweite waren, machten wir eine Pause, um zu verschnaufen. Vor Angst schlotterten uns die Knie. In diesem Moment kreisten plötzlich dutzende Lichtkegel über unsere Köpfe.

Zuerst dachten wir an Suchscheinwerfer, doch dann bemerkten wir, dass die Lichter verschiedene Bilder auf die Pyramiden projizierten. Das Spektakel gehörte zu einer Sound- und Lightshow, die soeben startete. Vor uns saßen auf einer Tribüne hunderte Zuschauer, die sich die Geschichte der Pyramiden in Form einer Show erzählen ließen.

Wir waren so sehr auf den Aufstieg fixiert gewesen, dass wir gar nicht bemerkt hatten, was sich rund um uns abspielte. Es war ein großes Glück, dass wir es nicht geschafft hatten, auf die Pyramiden zu klettern, denn dank der Lichtshow wären wir augenblicklich vor hunderten Menschen im Rampenlicht gestanden – und das hätte sicherlich noch größeren Ärger gegeben.

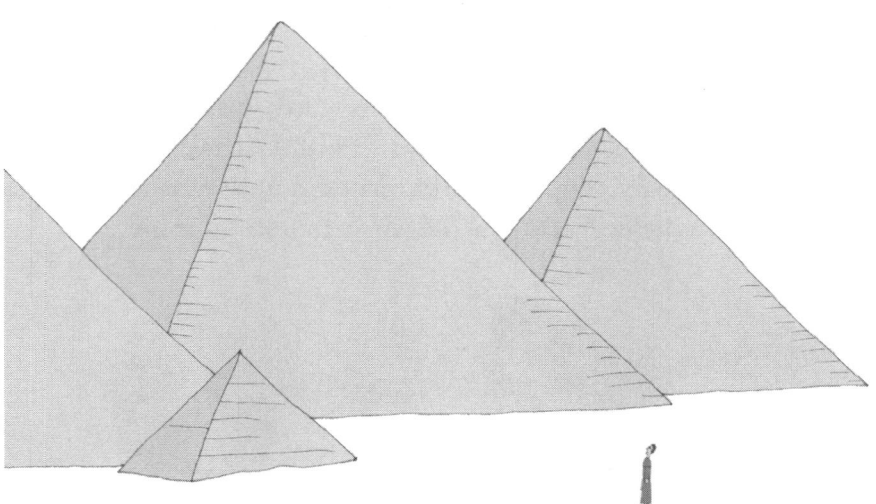

Raketenalarm

Im Frühjahr 1995 heulte gegen ein Uhr nachts im Franziskanerkloster in Jerusalem eine Sirene auf: Ein Mitbruder ging mit einer Handsirene durch das Haus und weckte alle Bewohner auf.

Wir sprangen aus den Betten und liefen sofort in den Speisesaal hinunter. Dort hatte jeder Mitbruder eine eigene Gasmaske, die über dem Sitzplatz auf einem Haken hing und bei Alarm aufzusetzen war. Diese Sicherheitsvorkehrung stammte noch aus der Zeit des Golfkrieges, als man Angst hatte, dass Saddam Hussein gasbestückte Raketen nach Jerusalem schicken könnte. Ähnliche Befürchtungen hatten wir auch in dieser Nacht, denn in der ganzen Stadt heulten die Sirenen und im Radio wurde bekannt gegeben, dass vom Irak aus eine Rakete nach Israel abgeschossen worden war. Wir saßen nun alle in unseren Habiten und der Gasmaske im Speisesaal und schauten uns gegenseitig an.

Trotz der ernsten Situation scherzten wir über unser Aussehen und blödelten herum. Franziskaner in Gasmasken liefern einfach ein komisches Bild ab. Nach zwanzig Minuten kam endlich die Entwarnung. Im Radio wurde verkündet, dass die Rakete in Israel nicht angekommen war. Daher durften wir die Masken wieder abnehmen und zurück in unsere Zellen schlafen gehen. In dieser Nacht brachte ich aber kein Auge mehr zu.

Truppenübung

Einmal geriet ich in der Wüste Juda unter Beschuss. Damals suchte ich mit zwei Mitbrüdern eine Ausgrabungsstätte – ein ehemaliges Kloster, das in der frühchristlichen Zeit für seine Mosaike und Kapellen berühmt war. Wir wanderten stundenlang, ausgerüstet mit Schlafsack und Rucksäcken voller Wasser, einsam durch die Wüste.

Außer einigen Erdhaufen, die wie offene Gräber aussahen, bestand der Weg nur aus karger Wüstenlandschaft. Wir trafen niemanden, und es gab auch keine Wegweiser oder Schilder. Als es Abend wurde, erreichten wir endlich die Anhöhe mit den Ausgrabungen. Mit unseren Taschenlampen besichtigten wir die Kapellen und einige Mosaike. Da wir am nächsten Tag unsere Wanderung fortsetzen wollten, legten wir uns nach einer Jause bald schlafen.

Gegen halb zwei Uhr wachten wir plötzlich auf. Rund um uns donnerte es und die Erde begann zu beben. Am Himmel waren rote Punkte zu sehen, die nacheinander zu Boden stürzten und dort explodierten. Vorsichtig blickten wir den Hang hinunter und sahen dutzende Panzer und andere militärische Fahrzeuge. Da ging uns der Reis! Wir hatten Angst, dass die ganze Maschinerie zu uns auf den Hügel heraufrollen oder sich die eine oder andere Rakete zu uns verirren würde.

Stundenlang wurde wie wild geschossen und gebombt. Erst im Licht der Morgendämmerung erkannten wir das volle Ausmaß des Geschehens: Hinter den Panzern durchkämmten dutzende Fußtruppen der israelischen Armee und militärisches Gefährt die Wüste. Immer wieder schlugen Bomben wenige hundert Meter neben uns ein, und das Echo der Wüste verstärkte die Kriegsgeräusche um ein Vielfaches. Da wir keinen Feind erkennen konnten, nahmen wir an, dass es sich um eine Übung handelte und wir uns womöglich auf militärischem Sperrgebiet befanden.

Kaum war es hell geworden, stellten die Soldaten das Feuer ein. Wir krochen aus unserem Versteck und winkten den Uniformierten. Sie hatten uns gesehen, aber nicht weiter beachtet. Da wir auf eine nähere Begegnung mit dem Militär ohnehin verzichten konnten, packten wir unsere Sachen und zogen weiter.

Wir hatten Glück gehabt, dass die archäologische Ausgrabungsstätte in den Karten der israelischen Soldaten eingezeichnet war und deshalb nicht auf sie geschossen wurde. Sonst hätten wir diese Nachtübung wohl nicht überlebt.

Wassertunnel

In der Nähe des alten Jerusalem gab es eine Quelle, die für die Stadt jahrhundertelang überlebenswichtig war – die Gihonquelle. Ende des 8. Jahrhunderts vor Christus ließ König Hiskija einen 500 Meter langen Tunnel durch den Berg Ophel schlagen, um die Quelle in die Stadt zu leiten. Damit wollte er die Trinkwasserversorgung im Falle einer Belagerung gewährleisten. Der Schacht durch den Felsen war für die damaligen Verhältnisse eine bauliche Sensation.

Während meines Studiums ging ich immer wieder diesen rund 60 Zentimeter breiten und 180 Zentimeter hohen Stollen entlang. Im Jahr 2000 wollte ich mit einer Pilgergruppe erneut durch den Tunnel gehen.

Beim Einstieg bemerkten wir, dass wir an diesem Tag nicht die Einzigen waren, die diese Idee hatten. Denn vor uns drängte sich eine rund 60 Personen große Gruppe jüdischer Gläubiger durch den Schacht. Mich wunderte es, dass sie in voller Montur, also mit Anzug, Gebetsschal und Kopfbedeckung, in den engen Schacht gegangen waren. Und obwohl es im Inneren feucht war und am Boden einige Zentimeter hoch das Wasser floss, verwendeten sie zur Beleuchtung des Weges nur ein paar Kerzen.

Wir ließen der Gruppe einen Vorsprung und stiegen dann ebenfalls mit unseren Taschenlampen in den historischen Tunnel. Da die Juden allerdings nur sehr langsam vorankamen, hatten wir sie schon nach wenigen Minuten eingeholt.

Nachdem wir eine Weile im Tunnel festgesteckt waren, rief einer der Juden angsterfüllt: „Der Tunnel ist zugemauert! Da geht es nicht mehr weiter."

Mir kam das seltsam vor, aber da der Wasserspiegel inzwischen ungewöhnlich hoch angestiegen war und mir die Situation im Schacht zu gefährlich wurde, kehrte ich mit meiner Gruppe sofort um.

Während wir so schnell wir konnten zurückwateten, gewann das Wasser stets an Höhe. Bei manchen Engstellen war der Wasserspiegel nur noch wenige Zentimeter von der Decke entfernt und wir standen bis zum Hals im Wasser oder mussten durch tiefe Stellen tauchen. Meiner Gruppe war die Angst ins Gesicht geschrieben. Völlig erschöpft, aber erleichtert erreichten wir schlussendlich die Einstiegsstelle.

Im Freien rannte ich sofort zur Mündung der Quelle, einem Teich im palästinensischen Stadtteil von Jerusalem. Ich befürchtete, dass strenggläubige Israelis der jüdischen Gruppe einen Streich spielen wollten und den Tunnelausgang womöglich blockiert hatten. Ich wusste, dass der Tunnel sofort wieder geöffnet werden musste, denn sonst würden die Juden – die sich noch immer im Stollen befanden – ertrinken. Sie waren weit langsamer als wir vorangekommen, da ihre Gruppe aus vielen älteren Personen bestand, sie wahrscheinlich kein Licht mehr hatten und mit schwerer Kleidung unterwegs waren.

An der Mündung angekommen fiel mir jedoch keine ungewöhnliche Veränderung auf. Ich untersuchte den Stollen, konnte aber weder Israelis noch eine Blockade entdecken. Das Wasser floss ganz normal in den Teich, um den ein paar Kinder spielten.

Verwundert rannte ich zurück zum Einstieg, wo meine Pilgergruppe gerade den kreidebleichen und waschelnassen Juden aus dem Tunnel half. Ich konnte mir das Rätsel nicht erklären. Wollte tatsächlich jemand eine Gruppe Juden umbringen? Wurde uns ein Streich gespielt? Woher kam das viele Wasser?

Mich beschäftigte das Tunnelerlebnis so sehr, dass ich wenige Tage später erneut zur Quelle ging und den Schacht genau unter die Lupe nahm. Es dauerte nicht lange, da hatte ich die Erklärung gefunden. Die Juden hatten irrtümlich eine falsche Abzweigung genommen und waren in einen blinden Stollen gelangt.

Als sich die riesige Gruppe danach mit ihren Gewändern gegen den Strom im Tunnel zurückbewegte, hatte das dieselbe Wirkung wie eine schiebende Mauer. Das Wasser wurde bis zur Quelle rückgestaut und wir wären alle fast ertrunken. Ich bin mir sicher, dass der Wasserspiegel wieder gesunken wäre, wenn alle Pilger im Tunnel stehen geblieben wären, doch daran hatte in dieser Stresssituation natürlich niemand gedacht. Ich bin froh, dass dieses Erlebnis gut ausgegangen ist.

Goldener Berg

In der Klosterkirche Nikolai in Villach fand ich einmal einen Schatz. Die Kirche hatte einen hohen Altaraufbau mit einer Statue vom heiligen Nikolaus.

Vor Ostern staubte ich den Hochaltar ab und entdeckte einen Berg hunderter Ein- und Zwei-Euromünzen neben der Nikolausstatue. Wie dieser Schatz auf den Sockel hinaufgekommen war, war schnell erklärt: Meinen Brüdern war aufgefallen, dass italienische Touristen Geldmünzen auf die Statue warfen, wenn sie die Kirche besichtigten.

Sie hatten anscheinend das Bedürfnis, dem Nikolaus etwas zu schenken. So hatte sich über das Jahr ein goldener Berg angesammelt.

Kreuzgang ohne Kreuzweg

In Kirchen findet man oft Heiligenstatuen, die mit Pfeilen durchbohrt sind oder Bilder, die blutige Gewaltdarstellungen zeigen.

Auch in der Stadtpfarrkirche Enns gibt es solche Objekte. Im Kreuzgang hängen an den Wänden Kreuzwegstationen, die das Leiden von Jesus Christus besonders hervorheben. Es handelt sich um plastische Darstellungen aus dem Jahr 1905. Die Meinung der Bevölkerung über die Bilder ist gespalten. Manche finden die Platten tatsächlich schön.

„Na Pfiat di Gott, was müssen die Leute für einen Geschmack haben", dachte ich, als ich das zum ersten Mal hörte. Ich fand die Tafeln furchtbar und wollte es dem Kirchenvolk nicht mehr zumuten, sie betrachten zu müssen.

Daher verlegte ich im Vorjahr die Kreuzwegandachten vor Ostern ins Freie. Statt des Kreuzgangs entlang, gingen wir vom Papstkreuz an der Enns hinauf auf den Georgenberg zur Aussichtsplattform.

Das sprach sich herum und plötzlich kamen Sonntag für Sonntag immer mehr Leute zur Kreuzwegandacht. Vielleicht deshalb, weil es ein Kreuzweg war, der mit allen Sinnen im Freien erlebt wurde, vielleicht auch deshalb, weil die furchtbaren Tafelbilder nicht mehr im Mittelpunkt standen.

Geschichten aus dem Orient

„Nein danke, ich rauche nur Weihrauch", erkläre ich den Leuten, die mir eine Zigarette anbieten und blicke in verwunderte Gesichter.

Als ich das erste Mal eine Zigarette in der Hand hielt, war ich in der Hauptschule im Lesachtal. Einer meiner Freunde teilte in einer Freistunde Zigaretten aus und meinte, dass wir diese jetzt probieren müssten. Obwohl ich große Angst davor hatte, dass meine Eltern am stinkenden Gewand etwas von dieser Aktion mitbekommen könnten, machte ich mit.

Wir versteckten uns unter einer Brücke, zündeten die Zigaretten an und versuchten, den Rauch zu inhalieren. Mir wurde schon nach den ersten Zügen richtig schlecht. Das lag wahrscheinlich daran, dass ich den Qualm bis in den Magen hinunterzog. Nach meiner ersten Zigarette war klar, dass ich mein Leben lang Nichtraucher bleiben würde.

Nur im Orient machte ich eine Ausnahme. Als ich in Israel und Ägypten unterwegs war, wurde mir oft angeboten, eine Wasserpfeife zu rauchen.

Schließlich willigte ich ein und probierte diesen Volksbrauch bei einem Basargeschäft aus. Auch das sollte nicht zur Gewohnheit werden. Ich blieb also nur dem Weihrauch treu.

Vor ein paar Jahren lernte ich in Enns jemanden kennen, der Fahrzeuge nach Saudi Arabien verkauft. Schon ein paar Mal nahm er mir echten Weihrauch aus dem Oman mit.

Ein Kilo davon steht auf meinem Schreibtisch im Kloster.

Ich möchte diesen hochwertigen Weihrauch für Ostern aufheben. Da es auch Menschen mit Weihrauchallergie gibt, werden wir die Kirche nicht völlig zuräuchern.

Manche Mitbrüder übertreiben ja und sagen zu den Ministranten: „Bei Hochamt, gib ihm! Das passt schon."

Weihrauchjunkie

An großen Feiertagen peppe ich den Gottesdienst mit Weihrauch auf. Er duftet herrlich, erzeugt eine festliche Stimmung und hilft, die Messe mit allen Sinnen zu feiern. Den Besuchern wird nicht nur etwas für Augen und Ohren, sondern auch für die Nase geboten.

Leider ist der Weihrauch nicht jedermanns Sache. Es gibt Leute, die sagen: „Oh Gott, nicht schon wieder Weihrauch."

Das sind meist jene, die an einer Allergie leiden oder bei Weihrauch schnell husten müssen. Für die Mehrheit gehört Weihrauch zu einem kirchlichen Fest aber dazu.

Für manche erfüllt er sogar noch andere Funktionen: Als ich noch in Innichen im Kloster war, kam regelmäßig ein Bursche zu mir und bat mich um ein bisschen Weihrauch. Ich glaubte damals, er brauche diesen für zuhause.

Eines Tages sagte mir jedoch ein Nachbar, dass der Bursche Drogenprobleme hätte. Er würde den Weihrauch verflüssigen und inhalieren. Es heißt ja, dass THC-Spuren oder ähnliche Stoffe im Weihrauch enthalten sein sollen. Auf diese Idee wäre ich nie gekommen. Natürlich gab ich dem Burschen künftig keinen Weihrauch mehr.

Palmsonntagsesel

Für die Palmsonntags-Prozession in Enns hatte ich vor, mit echten Eseln zur Kirche zu ziehen. Also fragte ich einen Tierhändler, ob er mir für den Umzug einen Esel leihen könnte. Er sagte mir zu, doch eine Woche vor dem Fest erwarb ein Käufer unerwartet alle Esel. Um den Umzug zu retten, bastelte ich kurzerhand einen lebensgroßen Esel aus Karton.

Das war eine Überraschung für die vielen Kinder, als der Kartonesel am Hauptplatz zum Vorschein kam. Damals trugen die Kinder den Esel in die Kirche, im Jahr darauf war es umgekehrt. Denn dieses Mal schaffte ich es, zwei echte Esel für den Umzug zu organisieren. Für die Kinder war das eine Riesenfreude.

Es wollten so viele Kinder auf den Eseln reiten, dass die Tiere völlig erschöpft bei der Kirche ankamen. Als Belohnung durften sie die Messe schwänzen und bekamen einen Berg frisches, saftiges Futter.

Verhängnisvolle Schleife

Am Karfreitag bildet die Kreuzverehrung den Höhepunkt der Liturgie. Dabei hält der Pfarrer das Kreuz mit Jesus in die Höhe und singt den Gebetsruf: „Seht das Holz des Kreuzes, an dem das Heil der Welt gehangen. Kommt lasset uns anbeten."

Das geschieht drei Mal, während der Pfarrer vom Kirchenausgang bis zum Altar geht. Am Anfang ist Jesus noch mit einem Tuch verhüllt. Bis zum Altar sollte das Tuch Schritt für Schritt gelöst werden und Jesus zum Vorschein kommen.

Heuer hatte ich bei dieser Prozedur leichte Schwierigkeiten. Als ich gerade am zweiten Arm die Schleife des Tuchs aufziehen wollte, zog ich sie versehentlich noch fester zu. Daraufhin brachte ich sie nicht mehr auf. Auch am Versuch, das Tuch zu zerreißen, scheiterte ich.

„Ja, was hat er denn?", fragten sich die Messbesucher, als ich nach einer Minute den Jesus noch immer nicht enthüllt hatte. Irgendwann gab ich meine Bemühungen auf und legte den halbverhüllten Jesus zur Kreuzverehrung vor den Altar.

Manche Leute konnten ihre Verwunderung nicht verbergen. Sie fragten mich nach dem Gottesdienst, ob es eine besondere Bedeutung gehabt hätte, dass dieses Jahr noch ein Tuchfetzen am Jesus hing. Als ich ihnen von meinem Missgeschick erzählte, mussten sie lachen. Nächstes Jahr sorge ich vor und stecke mir am Karfreitag eine Schere ein.

Klosterauto

Als ich Kaplan in der Pfarre Nikolai war, passierte mir etwas Unglaubliches: Ich versenkte das Klosterauto im See. Es geschah an einem extrem heißen Junitag, dem Geburtstag meines damaligen Chefs Pater Markus.

Da ich noch zahlreiche Vorbereitungen für die Geburtstagsfeier zu erledigen hatte, läutete mein Wecker bereits um vier Uhr früh. Ich richtete das Frühstück her, schnitt frische Blumen im Garten und deckte den Tisch. Da ich noch Zeit hatte, es schon sehr heiß war und mir der Schweiß von der Stirn floss, beschloss ich, schnell eine Runde schwimmen zu gehen.

Ich setzte mich ins Klosterauto und fuhr zum Silbersee, wo ich wenige Minuten später auf der Wiese vor dem See parkte. Mit meinen Badesachen spazierte ich über eine Böschung hinunter zum Seeufer.

Plötzlich raste mit vollem Karacho ein Auto an mir vorbei. „So ein Spinner", dachte ich mir. „Der prescht da ohne Rücksicht über Böschung hinunter und hätte mich fast überfahren."

Als ich mir das Auto genauer ansah, stellte ich fest, dass es meines war, das Klosterauto – bloß ohne Lenker. Ich traute meinen Augen nicht. Bevor ich überlegten konnte, wie ich es aufhalten könnte, raste das Auto bereits über die Büsche zwanzig Meter hinaus ins Wasser. Wenige Sekunden später erinnerten nur noch ein paar Luftblasen im See an das Klosterauto.

Als ich den Feuerwehrkommandanten anrief, schallte es aus dem Handy: „Grüß dich Martin, was ist los? Brennt es bei euch im Kloster?"

„Du wirst es nicht glauben, ich bin rausgefahren zum Silbersee und gerade eben ist mir das Klosterauto in den See gerollt."

Kurz nach unserem Telefonat fuhr ein Polizeiauto mit Blaulicht beim See vor.

„Gut, dich zu sehen, Martin. Jemand hat uns berichtet, du seist mit deinem Auto im See untergegangen", sagte der Polizist. In diesem Moment kam auch schon die Feuerwehr mit Tauchern herbeigefahren. Es war gerade einmal sechs Uhr morgens.

„Ich muss leider zurück ins Kloster", sagte ich den Einsatzkräften, als diese anfingen, das Auto zu bergen. „Mein Chef hat heute Geburtstag und weiß gar nicht, wo ich bin."

Also brachte mich ein Feuerwehrmann mit seinem Auto ins Kloster. Dort gratulierte ich Pater Markus und frühstückte mit den Mitbrüdern. Darüber, dass ich das Auto im See versenkt hatte, verlor ich fürs Erste kein Wort. Schließlich wollte ich, dass Markus einen sorgenfreien Geburtstag feiern konnte. Als ich gerade zur Messe gehen wollte, traf ich zwei Kindergärtnerinnen vom Pfarrkindergarten.

„Pater Martin, was hast du denn aufgeführt?", fragten sie mich. „Wir haben im Radio gehört, dass ein Bruder von der Nikolaikirche heute im Silbersee untergegangen ist."

Der Radiobeitrag machte mich nervös. „Was wäre, wenn mein Chef von diesem Ereignis hört, während ich noch die Messe feiere?", dachte ich. Um kein Risiko einzugehen, konfrontierte ich Pater Markus also noch vor der Messe mit der schlechten Nachricht. „Du Markus, halt dich fest", startete ich meine verrückte Geschichte.

„Ist viel kaputt?", war seine einzige Frage nach meiner Erzählung. Wenig später informierte mich die Polizei, dass das Auto nun geborgen sei und ich es vom Parkplatz wegschaffen solle, bevor die Badegäste kämen. Als ich mit dem ÖAMTC beim See ankam, filmte gerade ein ORF-Kamerateam das Auto. Es war schon ein unwahrscheinliches Ereignis. Im Fernsehen kam in den Nachrichten ein Beitrag und eine Zeitung titelte: „Pfarrer im Pech. Auto ging baden."

Die Stadtgemeinde ließ wenige Tage später einen Erdwall am Parkplatz aufschütten, um rollende Autos aufzuhalten. Sie hatten erkannt, dass der Parkplatz eine leichte Neigung Richtung See hatte. Die Gefahr, dass wieder einmal jemand vergessen würde, die Handbremse zu ziehen, war zu groß. Dazu kam, dass täglich hunderte Badegäste am Hang lagen und sich sonnen ließen.

Das Klosterauto überstand diesen 21. Juni leider nicht. Manche scherzten, ich hätte das Auto absichtlich im See entsorgt, weil Pater Markus seine Kapläne immer sehr lange mit alten Autos fahren ließ, bevor er einem neuen Auto zustimmte.

Das Klosterauto war ein abgefahrener Peugeot 205, danach wurde ein nagelneuer VW Golf angeschafft. Das war vergleichsweise ein Luxusauto. Wenn ich heute in ein Auto steige, muss ich oft daran denken, dass ich damals in Villach das Klosterauto im See versenkt habe.

Hagel-Märchen

Es heißt, dass es in Enns keine schweren Unwetter mehr gegeben hat, seitdem Franziskaner über die Stadt wachen. Nur einmal verfinsterte sich tagsüber der Himmel. Damals unternahmen wir Franziskaner gerade einen gemeinsamen Ausflug. Das war etwas Besonderes, denn bislang verließen nie alle Brüder gleichzeitig die Stadt.

Wir besichtigten eine Kirche in Auwiesen, die ursprünglich eine alte Tuchfabrik gewesen war. Auf der Rückreise bemerkten wir, dass heftiger Wind aufkam und allmählich Regen einsetzte. Auf der Autobahn in der Nähe von Enns stellten wir sogar fest, dass sich große Hagelkörner auf der Straße befanden.

Als wir die Abfahrt erreichten, sahen wir das ganze Ausmaß der Verwüstung. Äste, Brocken und zentimetergroße Hagelkörner lagen auf den Straßen und zur Kirche hätte man sich den Weg freischaufeln müssen.

In den Tagen nach dem Unwetter kamen mehrere Menschen zu mir und sagten: „Pater Martin, auf euch Franziskaner ist auch kein Verlass mehr. So einen Hagel hat es seit Jahrzehnten nicht mehr gegeben."

Ich musste lachen und antwortete immer: „Euch Ennser kann man nicht einmal kurz alleine lassen. Einmal in der Geschichte kommt es vor, dass wir für ein paar Stunden nicht in der Stadt sind, schon schlägt es hier alles zusammen."

Fehlalarm

In Villach lud ich alle Firmlinge zum Gailspitz, das ist eine Halbinsel zwischen Drau und Gail, zu einer Grillfeier ein. Wir saßen am Ufer, grillten Knacker am Lagerfeuer und erzählten uns Geschichten.

Als es Nacht wurde, baten mich die Jugendlichen, ihnen Geistergeschichten zu erzählen. Damit es spannender war, versteckte ich mich nach jeder Geschichte im Wald, und die Jugendlichen hatten die Aufgabe, mich mit ihren Taschenlampen zu suchen.

Das ging einige Geschichten lang gut, bis sie begannen, sich im Wald gegenseitig zu erschrecken. Es wurde viel gelacht, aber auch um Hilfe geschrien. Plötzlich sahen wir Einsatzfahrzeuge der Polizei und Feuerwehr mit Blaulicht zu unserer Grillstelle fahren. Ich verließ mein Versteck im Wald und fragte einen Polizisten, was denn los sei.

„Es muss etwas Schlimmes passiert sein", meinte dieser. „Ein Fischer am anderen Ende des Drau-Ufers hat Hilfeschreie gehört. Vielleicht ist jemand überfallen worden oder ertrunken!"

Ich wollte den Polizisten beruhigen und erklärte ihm, dass wir es waren, die im Wald Verstecken gespielt hatten. Doch die Polizei ließ sich nicht beirren und wollte den Einsatz erst abblasen, wenn feststünde, dass niemand in den Fluss gefallen sei.

Also rief ich meine Jugendlichen zusammen, die noch immer im Wald versteckt waren. Als wir durchzählten, bemerkten wir, dass tatsächlich drei fehlten. Die Einsatzkräfte wurden nervös und orderten Boote des Bundesheeres an, die Feuerwehr baute inzwischen große Scheinwerfer auf und ich lief mit einem riesigen Megafon durch den Wald und rief die Namen der fehlenden Jugendlichen. Noch machte ich mir keine großen Sorgen. Ich war mir sicher, dass die „Hirschen" irgendwo hinter einem Baum oder im Kukuruzacker saßen und Schiss hatten.

Ich rief: „Bitte kommt hervor. Wir haben einen Fehlalarm ausgelöst", aber die drei tauchten nicht auf.

Wenige Zeit später funkte uns ein Feuerwehrmann an, der beim Durchkämmen des Waldes drei Rucksäcke mit Würsten und Cola-Flaschen gefunden hatte. Es gab keinen Zweifel, dass diese den Vermissten gehörten. Kurz darauf meldete eine Polizeistreife, drei Jugendliche gesehen zu haben, die in die Stadt gelaufen waren und auf die die Beschreibung passte.

Wir suchten noch eine Zeit lang, doch irgendwann gaben wir auf, verständigten die Eltern der vermissten Kinder und brachten die anderen Firmlinge nach Hause. Als ich besorgt ins Kloster zurückging, entdeckte ich drei dunkle Gestalten im Klostergarten.

"Gott sei Dank, dass du kommst. Wir haben gewusst, dass sie dich nicht verhaften würden", freuten sich die drei Jugendlichen und erzählten mir, warum sie vor den Einsatzkräften geflohen waren und sich im Klostergarten versteckt hatten. Die drei hatten wegen eines Lausbubenstreichs von der Polizei schon einmal eine schwere Verwarnung bekommen und fürchteten sich davor, wegen des Fehlalarms verhaftet zu werden.

„Als wir ein Bellen hörten, dachten wir, dass uns Polizeihunde verfolgen würden. Also ließen wir die Rucksäcke zurück, rannten in die Stadt und kletterten über die Mauer in den Klostergarten. Hier fühlten wir uns sicher", erzählten sie.

Ich war überglücklich, dass nichts Schlimmeres passiert war, verständigte die Einsatzkräfte und entschädigte sie mit einer Kiste Bier für ihren Einsatz.

Höhenflüge

Pfarrer können ungewöhnliche Hobbys haben. Ich liebe beispielsweise das Bergwandern. Das ist eine Bezeichnung für
Bergsteigen auf Zeit.

Ziel ist es, möglichst schnell und ohne Kletterausrüstung auf
hohe Gipfel hinaufzukommen. Bergwanderer sind vor allem
auf gut erhaltenen und gesicherten Pfaden unterwegs, da sie bei
Steilhängen zu viel Zeit verlieren würden.

Als ich Anfang dreißig war, noch bessere Kondition hatte als
heute und regelmäßig bergwandern ging, machte ich gemeinsam mit meinem Bruder Andreas eine Tour in den julischen
Alpen in Slowenien. Wir schafften achthundert Höhenmeter in
der Rekordzeit von nur einer Stunde. Als Pfarrer hat man eben
einen guten Draht nach oben.

Tage des Schweigens

Es gibt ein Franziskanerkloster in Italien, das sich weit abgeschieden von der Zivilisation befindet und lange Zeit als verschwunden galt.

Vor einigen Jahren machte sich ein italienischer Bruder namens Bernhardino auf die Suche nach dem verschwundenen Kloster. Er stöberte lange in Archiven, bis er den ungefähren Ort des Klosters ausmachen konnte. Daraufhin suchte er jeden freien Nachmittag, bis er nach Jahren in einem Waldgebiet in der Nähe von San Gemmini die Ruinen fand.

Zuerst waren nur ein paar Steine zu erkennen, die mit Lianen überwuchert waren. Erst als er die Mauern nach und nach von Pflanzen befreit hatte, kam die Klosterkirche zum Vorschein.

Als das Kloster gerade wieder aufgebaut wurde, war ich bei Bruder Bernhardino einige Tage zu Besuch. Der Wohntrakt hatte noch kein Dach und auch von Fenstern und Türen fehlte jede Spur. Ich übernachtete in meinem Schlafsack zwischen Mauerresten unter freiem Himmel. Es war unglaublich.

In der Nacht hörte ich Wildschweine im Wald und sah tausende Sterne am Himmel. Das war kein 5-Stern-, sondern ein 1000-Stern-Hotel. Während des Tages suchte ich gemeinsam mit anderen Brüdern Steine zusammen, baute Mauern auf und bereitete ohne Strom und fließendes Wasser Essen zu. Der Tag war streng eingeteilt mit Arbeit. Besonders war außerdem, dass am Nachmittag nicht miteinander gesprochen werden durfte. Stattdessen sollte jeder für sich über sein Leben nachdenken.

Inzwischen war ich noch zwei weitere Male dort zu Besuch. Die Mauern und Dächer waren wieder ganz, aber sonst hatte sich im

Kloster kaum etwas verändert. Strom gab es noch immer keinen und zum Waschen stand nur das Regenwasser zur Verfügung, das in alten Zisternen gesammelt wurde. Inzwischen traf man immer öfter Pilger, die auf dem Weg nach Rom waren. Doch zum Reden blieb keine Zeit. Das Kloster hatte sich dem Schweigen verpflichtet.

Einmal wurde Bruder Bernhardino schwer krank, und ein Arzt kam ins Kloster. Da Medikamente für ihn kein Thema waren, bestand die Behandlung aus ausführlichen Gesprächen. Nach einigen Tagen war Bernhardino wieder gesund.

Er lebt noch heute in diesem Franziskanerkloster. Ob er sich noch immer für das Schweigen einsetzt, weiß ich nicht. Vielleicht entdeckte er nach seiner Krankheit die gesunde Wirkung eines guten Gesprächs auf Körper und Geist.

Polen vor der Klostertür

Eines späten Nachmittags standen fünf junge Männer vor der Klostertür. Sie trugen Sandalen an den Füßen und Gewänder, die aussahen wie zusammengenähte Kartoffelsäcke. Die Gruppe war zu Fuß von Polen nach Assisi unterwegs, um den Spuren des Franz von Assisi zu folgen. Sie hatten weder Geld noch Kleidung zum Wechseln mit.

Als ich ihnen die Tür öffnete, baten sie mich um eine Unterkunft für den Abend. Sie zeigten mir ein Begleitschreiben eines Bischofs, in dem stand, dass es sich um anständige Pilger handeln würde und er sie sehr empfehlen könne. Also nahm ich die fünf Polen auf und ließ sie im Kloster übernachten.

Am Abend kochte ich Palatschinken, und da sie ordentlich nach Schweiß dufteten, bot ich ihnen an, ihre Wäsche zu waschen. Sie lehnten aber ab und zogen ihr schmutziges Gewand nach einer Dusche wieder an. Da ich nicht genug Betten hatte, schliefen sie auf Sofas und Matratzen. Am nächsten Tag richtete ich ihnen ein ordentliches Frühstück und gab ihnen zum Abschied jede Menge Brot mit.

Tagelang rochen unsere Sofas noch nach dem Schweiß der Pilger. Einige Wochen später bekam ich eine Karte aus Assisi. Die Pilger hatten ihr Ziel erreicht.

Spendenturm

Als in Villach das Dach des Kirchenturms renoviert werden musste, hatte mein damaliger Chef eine außergewöhnliche Idee. Er ließ ein Fernglas mit Münzautomat, mit dem sonst Wanderer auf Aussichtsplattformen für ein paar Momente scharf in die Ferne blicken können, am Kirchenplatz montieren.

Tatsächlich warfen sowohl Einheimische als auch Touristen Geld in das Fernglas, um den Fortschritt der Arbeiten am Turmdach sowie die akrobatischen Künste der Dachdecker beobachten zu können.

Auch nach den Reparaturen blieb das Fernglas noch lange Zeit stehen, denn immer wieder war es den Leuten Geld wert, einen genauen Blick auf das neu renovierte Dach oder den schönen Kirchenturm werfen zu können. Durch diese Idee bezahlte sich die Renovierung also fast von selbst.

Dachschaden

In einem Tal bei Telfs wurde früher Schiefergestein abgebaut, aus dem man dünne Dachziegel herstellen konnte. Daher bestand das ganze Dach der dortigen Kirche aus diesen einzigartig dünnen Platten. Da es aber schon hunderte Jahre alt war, mussten die Ziegel aus Sicherheitsgründen einmal ausgetauscht werden.

Die Pfarre wollte aber kein neues, modernes Dach bauen, sondern unbedingt wieder das gleiche Material verwenden, denn das Schieferplatten-Dach war etwas Besonderes, vielleicht sogar das Markenzeichen der Kirche. Leider waren neue Schieferplatten sehr teuer.

Bald war klar, dass es ohne Spenden der Bevölkerung nicht möglich sein würde, das Dach zu renovieren.

Da hatten die Franziskanerbrüder eine Idee. Sie verkauften das alte Dach an die Pfarrgemeinde. Dafür bohrten sie in jede alte Schieferplatte ein kleines Loch, sodass sich Spender ihr eigenes Stück Kirchendach zuhause an die Wand hängen konnten. Jedes Stück kostete circa zehn Schilling.

Es gab tatsächlich Spender, die hunderte oder gar tausende Platten kauften. Anscheinend war es der Bevölkerung ein Anliegen, ein schönes und vor allem einzigartiges Kirchendach zu haben. Und mit der Möglichkeit, das alte Dach zu kaufen, ließ es sich gleich leichter spenden. Wer hat schon ein Stück Kirchendach zu Hause?

Flusstaufe

Es gibt Menschen, die nicht wollen, dass ihre Kinder in der Kirche getauft werden. Dabei ist es Vorschrift, Taufen in der jeweiligen Pfarrkirche beim Taufbrunnen zu vollziehen.

In Villach kam einmal ein sehr naturverbundenes Paar zu mir.

„Pater Martin", sagte der Mann, „in die Kirche will ich gar nicht reinschauen. Dort ist so viel Gold. Wir wollen unsere Kinder lieber in der Natur taufen lassen."

Ich ließ mich auf ihren Wunsch ein, obwohl mein damaliger Chef sehr streng war und es mir sicherlich verboten hätte. Er war an besagtem Sonntag aber nicht da, also pilgerte ich gemeinsam mit dem Paar und ihren Kindern, die im Volksschulalter waren, durch das Auengebiet zum Gailfluss. Unterwegs hielten wir an verschiedenen Stationen, um uns den verschiedenen Symbolen der Taufe zu widmen.

Bei unserer ersten Station befand sich ein gigantischer Baum, der für mich Stammfestigkeit symbolisierte. Ich gab den Kindern das Kreuzzeichen, damit sie den Weg zu Gott finden und spüren, dass sie einen guten Stand auf der Erde haben.

Als zweite Station wählten wir den Fluss. Dort zogen wir Schuhe und Socken aus und stiegen ins Wasser. Es ist eine großartige Erfahrung, zu spüren, wie kraftvoll und erfrischend das Wasser ist. Um Taufwasser zu haben, segnete ich den ganzen Fluss und taufte damit die beiden Kinder.

Nach der Salbung tanzten wir und wanderten zu einer Feuerstelle. Statt einer üblichen Osterkerze entzündeten wir gemeinsam ein Lagerfeuer. Das war nun unser Licht, an welchem die getauften Kinder ihre Taufkerzen anzünden konnten. Danach grillten wir Würstel und ließen das einzigartige Tauffest ausklingen.

Fußballtor

Damit die Hochzeit zu den schönsten Augenblicken des Lebens zählt, muss der feierliche Rahmen passen. Die meisten Paare suchen sich die Kirche ihrer Heimatpfarre aus oder eine Kirche, die ihnen besonders gut gefällt.

Hin und wieder haben Paare auch außergewöhnliche Wünsche. Sie wollen beispielsweise in kleinen Bergkapellen, in großen Stiften oder sogar in einem religiösen Zentrum wie Rom heiraten.

Es geht aber noch individueller und spektakulärer: In Kärnten heiratete vor einigen Jahren ein Paar in einem Fußballtor. Der Bräutigam war Torwart. Sein Traum war es schon immer gewesen, im Tor seines Heimatvereins zu heiraten. Seine Braut war sein größter Fan und teilte daher diesen Wunsch.

Als die beiden mit ihrem Anliegen zu mir kamen, überlegte ich nicht lange und telefonierte mit dem Generalvikar. Nachdem die Motive und die Motivation hinter dieser Idee geklärt waren, gab der Generalvikar seinen Segen.

Am Tag der Hochzeit saß das Brautpaar auf einem Betstuhl im Fußballtor. Ich hatte meinen Altar davor aufgebaut. Die Fans (Familie) und Schiedsrichter (Trauzeugen) versammelten sich im Halbkreis um das mit Blumen und Birken geschmückte Tor. Während der Feierlichkeiten schenkte ich dem Brautpaar einen Fußball.

In der Predigt sagte ich: „Hinter dem Fußballspielen steht der Mannschaftsgedanke und ein gemeinsames Ziel. Ich wünsche euch viele Fans und eine ganze Fußballmannschaft an Kindern. Außerdem wünsche ich euch, dass dem Ball und euch nie die

Luft ausgeht. Die Luft im Ball ist ein Symbol für Gott. Beide sieht man nicht, aber beide sind wichtig, damit das Spiel funktionieren und schwungvoll bleiben kann."

Nach meiner Predigt nahm ich den Ball und ließ ihn fest am Boden aufspringen, um zu verdeutlichen, wie schwungvoll eine Ehe sein kann. Das gefiel dem Brautpaar und der Familie. Die Festgäste lachten, als sie mich im Messkleid Fußballspielen sahen. Nach rund 90 Minuten war die Hochzeitsmesse vorbei. Eine Verlängerung der Feierlichkeiten gab es im Gasthaus. Die Nachspielzeit der Hochzeitsfeier hält bis heute an.

Diebstahl

Einmal wurden in der Pfarrkirche Enns-St. Marien drei Kerzenleuchter vom Altar gestohlen. Die runden, schweren Leuchter hatte ein Ennser Künstler aus massiver Bronze angefertigt. Eine Zeugin verfolgte den Diebstahl sogar mit.

Sie sah an besagtem Nachmittag einen Mann, der mit einer Babytragetasche die Kirche verließ. Die Zeugin wunderte sich noch darüber, dass der Unbekannte kein Baby bei sich hatte. Sie hatte zwar ein misstrauisches Gefühl, meldete sich aber erst bei mir, als am darauffolgenden Sonntag der Diebstahl in der Messe verlautbart wurde.

Ein paar Mal wurde in der Kirche auch der Opferstock aufgebrochen. Dieser enthielt aber nie sehr viel Geld. Als ich noch in Villach Pfarrer war, geschah das weit öfter, fast regelmäßig.

Dreimal ließen wir den Opferstock reparieren, dann entschlossen wir Franziskaner, ihn einfach offen zu lassen. Denn irgendwann hätte das ständige Reparieren mehr gekostet, als der Opferstock an Spenden je eingebracht hätte.

Von diesem Zeitpunkt an taten wir es den Supermarktketten gleich und nahmen jeden Abend das Spendengeld heraus.

Und immer dann, wenn wieder einmal jemand etwas herausgenommen hatte, nahmen wir es gelassen und sagten: „Mein Gott, wenigstens ist der Opferstock noch ganz."

Messwein

Egal, ob Grüner Veltliner oder Spätlese: Der Wein ist ein wichtiger Bestandteil einer Messe. Normalerweise trinkt der Hauptzelebrant zuerst und reicht den Kelch danach an die Kommunionsspender weiter. Ich habe aber die Angewohnheit, immer als Letzter zu trinken. Das wurde mir einmal zum Verhängnis, als ich mit anderen Brüdern gemeinsam eine Messe feierte.

Der Kelch wanderte von Priester zu Priester. Als der Kelch bei mir ankam, war der Wein schon ausgetrunken. Jener Mitbruder, der neben mir stand, hatte gedacht, er sei ohnehin der Letzte im Kreis und den Kelch mit einem ordentlichen Zug geleert. Also tat ich so, als wäre noch Wein im Kelch und schluckte eine Portion Luft.

Ähnliches passierte mir einmal bei einer Feldmesse. Während der Eucharistiefeier fiel mir auf, dass die Organisatoren auf den Wein vergessen hatten. Daher musste ich improvisieren und leerte unbemerkt Wasser in den Kelch. Im Anschluss sprach ich die üblichen Worte: „Er nahm den Kelch mit Wein …".

Früher wäre das unter Gotteslästerung gefallen, es wäre undenkbar gewesen, ohne Brot oder Wein eine gültige Messe zu feiern. Schließlich hatte Jesus Brot und Wein genommen und gesagt: „Tut dies zu meinem Gedächtnis."

Daraus entstand der Ritus der Eucharistie.

Heute sehe ich das nicht mehr so eng. Ich bin mir sicher, dass sich Jesus beim letzten Abendmahl notfalls auch mit Wasser zufriedengegeben hätte.

Ausnahmen hat es außerdem schon immer gegeben. Ich denke an Zeiten des Kriegs, als Katholiken in Gefängnissen oder

Konzentrationslagern den mitgefangenen Priestern oft nur ein Stück Brot für die Messe erbetteln konnten. Ich bezweifle, dass sie auch ein Schlückchen Wein bekamen.

Das kann man zwar mit einer Feldmesse im 21. Jahrhundert nicht vergleichen, zeigt aber, dass es im Glauben und bei einer Messe nicht auf Brot oder Wein ankommt, sondern alleine auf Gott.

Schlafplatz

Als ich in Jerusalem im Kloster war, machte ich mit einigen Freunden zu Fuß eine Tour ins Sinaigebirge. Wir wollten mit Schlafsäcken auf einem der Gipfel übernachten, da dort angeblich schöne Ruinen und Ausgrabungen zu sehen waren.

Als wir während des Sonnenuntergangs dort ankamen, waren wir von den übrig gebliebenen Steinhaufen jedoch enttäuscht und fanden außerdem keine ebene Stelle, die sich zum Übernachten geeignet hätte. Also beschlossen wir, wieder abzusteigen und am Fuß des Gebirges im Katharinen-Kloster zu übernachten.

Wir wussten, dass es dort ein Gästehaus für Pilger und die Möglichkeit gab, am Gebet der Mönche teilzunehmen. Obwohl uns beim Abstieg die Batterien der Taschenlampen ausgingen, ich die Sohle eines Schuhs verlor und in Socken weitergehen musste, kamen wir gegen Mitternacht heil beim Kloster an. Als wir vor den hohen Mauern standen, mussten wir feststellen, dass das Kloster jeden Abend bei Sonnenuntergang seine Pforten schloss.

Wir wussten, dass man als Pilger in diesem Fall Pech gehabt hat. Es gab keine Glocke und keine Möglichkeit, die hohen Mauern zu überwinden. Da viele komische Gestalten in der Gegend unterwegs waren, beschlossen wir, uns direkt vor dem großen Tor schlafen zu legen. Dort gab es eine kleine Laterne, die etwas Licht spendete und uns vor ungebetenen Gästen schützte. Als wir so dahindösten, riefen meine Kollegen plötzlich: „Hilfe! Da greift jemand unsere Schlafsäcke an! Ein Überfall!"

Ich wollte sie beruhigen, da spürte auch ich etwas an meinem Schlafsack ziehen. Doch es waren keine Diebe, sondern Fledermäuse, die mit ihren Flügeln an unseren Schlafsäcken anstießen. Vermutlich waren wir in ihr Revier eingedrungen. Da die Fledermäuse nicht locker ließen, gaben wir auf und suchten entlang der Klostermauer nach einem neuen Schlafplatz.

Auf der anderen Seite des Klosters fand ich eine ebene Stelle, die einen angenehm weichen Untergrund hatte. Leider war sie völlig unbeleuchtet, doch ich hatte inzwischen keine Angst mehr vor Dieben. Wir befanden uns schließlich an einem heiligen Ort und die Müdigkeit nahm bereits überhand.

Nach wenigen ruhigen Momenten gab es das nächste Problem. Meine Mitbrüder konnten nicht einschlafen, da sie von Gelsen umkreist und gestochen wurden.

„Das gibt's ja nicht. Wir sind mitten in der Wüste. Was haben Gelsen hier verloren?", fragte ich mich. Während sich meine Mitbrüder erneut auf die Suche nach einem Schlafplatz machten, blieb ich liegen. Ich war zu müde und hatte genug vom Herumwandern, also schloss ich meinen Schlafsack bis zum Hals und schlief bald ein.

In der Früh wurde ich durch das Lachen meiner Mitbrüder geweckt. Als ich die Augen öffnete, erkannte ich den Grund. Ich war die ganze Nacht mitten auf einem Kamelmisthaufen gelegen. Der Kot war schon ausgetrocknet und fühlte sich an wie weicher Schotter. Nun war mir auch klar, warum es hier Gelsen gab.

Auch die Kameltreiber lachten. Sie konnten es nicht glauben, dass ein Franziskaner am einzigen Misthaufen, der sich im Umkreis von hunderten Metern befand, seinen Schlafsack ausgerollt und die Nacht verbracht hatte.

I am from Austria

„Grüß Gott, ich möchte mir bitte die Haare schneiden lassen",
erklärte ich der Chefin eines Friseursalons in Enns.

„Eine Kollegin ist gleich für Sie frei", antwortete sie und ver-
wies mich auf den Wartebereich. Als ich gerade in eine Zeit-
schrift vertieft war, bat mich die angekündigte Kollegin, auf dem
Friseursessel Platz zu nehmen – auf Englisch, wie ich mir einbil-
dete. Interessant, dachte ich mir, dass es hier eine englischspra-
chige Angestellte gibt.

Kurz darauf erklärte ich ihr, wie ich meine Haare geschnitten
haben wollte. „There are some haircutters who have problems
with my Locken, äh, curle of hair."

Sie meinte, wieder auf Englisch, dass sie das schon hinbekommen würde. Wir plauderten die folgende halbe Stunde über die
üblichen Belanglosigkeiten auf Englisch. Manchmal hatte ich
Schwierigkeiten, die richtigen Vokabeln zu finden, aber im Großen und Ganzen klappte die Verständigung.

Die Friseurin glaubte sogar, ich sei Engländer, der auf Urlaub
hier in Enns sei. Die anderen Kolleginnen und Gäste im Lokal
begannen daraufhin zu schmunzeln und die Chefin schaute uns
verwundert an. Ich erklärte der Friseurin, dass ich bereits ein
paar Monate in Enns sei und hier arbeiten würde.

Neugierig, wie ich bin, fragte ich sie, aus welchem Land sie
eigentlich komme. Sie lächelte und sagte: „I am from Austria."

„Dann müssten wir aber beide Deutsch können", rief ich erstaunt. Da gab es kein Halten mehr. Alle im Friseursalon lachten
Tränen. Die Friseurinnen mussten sogar ihre Scheren kurz weg-
legen, sonst hätte es vielleicht Verletzte gegeben.

Blinde Kuh

Als ich einmal im Kloster Reutte zu Gast war, erlaubte ich mir beim gemeinsamen Geschirr-Abwaschen einen Spaß und spritzte meine Mitbrüder mit Wasser an. Es dauerte nicht lange, bis Tassen voller Wasser durch die Luft flogen und sowohl die Küche als auch unsere Habite klatschnass waren.

Da ich als berüchtigter und regelmäßiger Anstifter dieser Wasserschlachten galt, wollten mir meine Mitbrüder einen Streich spielen. Also fragten sie mich nach dem allabendlichen Rosenkranzgebet, ob ich mit ihnen „Blinde Kuh" spielen wolle. Als ich an der Reihe war und die Augen mit einem Tuch verbunden bekam, drehten mich meine Mitbrüder so lange im Kreis, bis ich das Gleichgewicht und die Orientierung verlor.

Auf einmal hoben sie mich hoch und trugen mich durch den Garten. Noch bevor ich mich wehren konnte, ließen sie mich fallen. Obwohl der Aufprall weich war, hatte ich sofort ein komisches Gefühl. Ich riss mir das Tuch von den Augen und bemerkte, dass ich mit meinem ganzen Ordensgewand im Klosterbrunnen gelandet war und langsam unterging. Schließlich stand ich bis zum Hals im Wasser.

Meine Mitbrüder hatten sich rund um den Brunnen versammelt, lachten voller Freude und schossen Erinnerungsfotos. Ich sah aus wie ein gebadeter Maulwurf. Es dauerte nicht lange, bis jeder im Dorf die Geschichte kannte, wie mich die Franziskaner von Reutte im Klosterbrunnen gebadet hatten.

Einbrecher und Geisel

Als ich Priester wurde, lud mich meine Heimatgemeinde Unter-
tiliach ein, dort eine Messe zu feiern. Es sollte ein ganz besonderes Fest werden. Die Freude war groß, dass ein Einheimischer
so wahnsinnig war, das Priesteramt zu übernehmen. Daher bereitete die Dorfgemeinschaft einen großen Empfang vor. Schon
die Anreise dorthin war ein aufregendes Erlebnis.

Ich reiste von Salzburg aus an, jedoch nicht mit dem Auto oder
dem Zug, sondern zu Fuß. Gemeinsam mit einigen Mitbrüdern
wanderte ich eine Woche lang über die Tauern nach Tirol. Wir
übernachteten in Almhütten oder schliefen in Schlafsäcken bei
Hirten.

Als letzte Raststation vor unsere Ankunft war die Almhütte
meines Onkels geplant. Leider verlor ein Mitbruder einige Kilometer davor einen seiner Schuhe. Er wollte kleine Steine he-
rausklopfen, da glitt ihm der Schuh aus der Hand und fiel eine
Felswand hinunter. So musste er in Socken weitergehen, doch
diese waren bald durchgescheuert.

Wir kamen also nur sehr langsam voran und verloren viel Zeit.
Noch dazu gerieten wir in ein Gewitter und wurden klatschnass. Als wir die Almhütte endlich erreichten, war es schon tiefe Nacht. Die Tür und die Fensterläden waren zugesperrt. Dem
frischen Heu im Stall zufolge musste mein Onkel die Alm wenige Stunden zuvor verlassen haben. Das überraschte mich nicht,
denn ich hatte uns ursprünglich erst für den nächsten Tag an-
gekündigt.

Uns blieb also nicht viel anderes übrig, als im Stall zu übernachten. Da wir in unseren nassen Gewändern aber froren und ein

Fenster mit offenen Fensterläden entdeckten, beschlossen wir spontan, in die Hütte einzubrechen. Da es sich ohnehin um Familienbesitz handelte, schlug ich das Fenster ein, stieg in die Hütte ein und öffnete für meine Mitbrüder ein größeres Fenster.

Sogleich suchten wir im Dunkeln nach Kerzen und Streichhölzern, da es in der Hütte keinen Strom gab. Kerzen waren im Herrgottswinkel schnell gefunden, doch bei Streichhölzern hatten wir Pech – wir fanden nur ein einziges. Da niemand eine dunkle und kalte Nacht verantworten wollte, war ich derjenige, der es entzünden musste. Nach extrem aufregenden Sekunden flackerte das rettende Feuer auf und wir konnten den Ofen anheizen und unsere Kleidung trocknen lassen.

Nachdem wir Tee getrunken und unsere Jause gegessen hatten, legten wir uns schlafen. Kurz darauf erwachte ich, da plötzlich jemand die Tür aufsperrte und die Hütte betrat.

„Gott sei Dank, ihr seid es", rief mein Onkel erleichtert, als er mich im Schlafsack liegen sah. Er hatte Rauch von der Hütte aufsteigen sehen und wollte nach dem Rechten sehen. Mit uns hatte er noch nicht gerechnet.

Nach einem Tag auf der Alm wanderten wir weiter und erreichten bald meinen Heimatort. Blöderweise kamen wir auf der falschen Seite an. Der Empfang und die offizielle Begrüßung durch den Bürgermeister waren auf der gegenüberliegenden Seite des Orts geplant. Um den Irrtum zu vertuschen, musste ich mich mit einer Decke über dem Kopf auf die Rückbank eines Autos legen.

Wie eine Geisel, die an einen geheimen Ort entführt wird, wurde ich quer durch den Ort gefahren. Ich sollte von den Vorbereitungen und den geplanten Überraschungen nichts mitbekommen. Außerdem bestand die Gefahr, dass mich die Menschen im Dorf, die schon auf der Straße standen, im Auto erkennen konnten.

Denn schließlich sollte ich ja zu Fuß ankommen und feierlich empfangen werden. Schlussendlich ging der Plan auf und die Festmesse konnte beginnen.

Pilgerplage

Unter dem Motto „Vom Meer bis zur Quelle" war ich einmal mit Jugendlichen nur mit Rucksack und Schlafsäcken in Italien unterwegs.

Als es Abend wurde, stellten wir unser Lager bei der Mündung des Flusses Isonzo auf und erlebten eine Nacht, die wir nicht so schnell vergessen würden. Denn kaum setzte die Dämmerung ein, kamen ganze Schwärme von Gelsen – das war unwahrscheinlich. Obwohl wir uns in Schlafsäcken verkrochen und die Insekten mit Gelsenspray und Zigarettenrauch bekämpften, wurden wir ununterbrochen an allen möglichen Stellen gestochen.

Erst als wir ein großes Lagerfeuer entzündeten, verbesserte sich unsere Lage. Wir konnten beobachten, wie ganze Schwärme vom Licht angezogen wurden, in das Feuer flogen und verbrannten.

Um Mitternacht waren sämtliche Gelsen plötzlich verschwunden. Dennoch konnten wir nicht schlafen, da wir in der Nähe immer wieder Schreie hörten. Zuerst dachte ich, dass uns womöglich eine Bande überfallen wollte, daher suchte ich mir im Wald ein Stück Holz, das aussah wie eine Waffe. Doch zu einem Kampf kam es nicht.

Für das Geschrei war ein Zuhälter verantwortlich, der auf der angrenzenden Forststraße mit mehreren Frauen einen Streit austrug. Erst als die Streithähne mit ihren Autos wieder davonbrausten, konnten wir endlich ein bisschen schlafen.

Gegen vier Uhr morgens wachten wir erneut auf, da wir rund um unser Lager ein mächtig lautes, surrendes Geräusch hörten.

In diesem Moment fing ich beinahe an, an Geister zu glauben. Auch die Jugendlichen konnten sich das Geräusch nicht erklären und fragten mich angsterfüllt: „Pater Martin, was ist das?"

Da bemerkte ich, dass eine leichte Windbrise vom Meer hereinkam und im Wald Millionen von Zitterpappeln in Schwingung versetzte.

Das war aber nicht der letzte Schock dieser Nacht, denn als es schon dämmerte und Tag wurde, war plötzlich das Meer verschwunden. Noch wenige Stunden zuvor hatten wir unser Lager am Strand aufgeschlagen, und am Morgen war weit und breit kein Wasser mehr zu sehen. Auch für dieses Phänomen gab es eine natürliche Erklärung: Da Ebbe war und das Meer rund um Grado stellenweise sehr flach ist, war das Wasser einige hundert Meter weit zurückgegangen.

Zuerst die Gelsen, dann der Zuhälter, die Zitterpappeln und schließlich das verschwundene Meer – diese verrückte Nacht hatte es in sich.

Tatverdacht

Obwohl es in den vergangenen Jahren etwas aus der Mode gekommen ist, reisen Franziskaner noch immer gerne per Autostopp.

Einmal war ich mit einem Mitbruder auf dem Weg von Tirol nach Graz, um dort an einer Ordensfeier teilzunehmen. Da wir vielen freundlichen Autofahrern begegneten, kamen wir bis Mittersill im Pinzgau recht flott voran. Dort angekommen schien uns das Glück jedoch verlassen zu haben.

Nachdem wir schon über zwei Stunden am Straßenrand nach einer Mitfahrgelegenheit Ausschau gehalten hatten, machten sich erste Züge von Verzweiflung breit.

Da kam ein älterer Herr ganz aufgeregt auf uns zu, zeigte auf unsere Habite und fragte vorwurfsvoll: „Wo ist das Kreuz?"

Wir erklärten ihm, dass wir Franziskaner seien und zu unserer Ordenstracht kein Kreuz gehöre.

„Und wo sind die Holzpantoffeln?", hakte der Mann nach und deutete mit strengem Blick auf unsere Sportschuhe. Schließlich wollte der Mann wissen, was wir unter dem Habit anhätten. Eine merkwürdige Frage, dachte ich. Dennoch hob ich den Habit ein Stück an, bis meine alte, verwaschene Jeans zum Vorschein kam.

„Jetzt ist alles klar. Die Polizei muss her!", rief der Mann erfreut und lief davon. Wir hielten ihn für nicht ganz dicht, stellten uns wieder auf die Straße und versuchten weiterhin unser Glück beim Autostoppen.

Nach zwei Minuten raste ein Polizeiauto mit Blaulicht an uns vorbei. Es dauerte nur einen kurzen Moment, bis es noch einmal vorbeifuhr – dieses Mal aber wesentlich langsamer – fast im Schritttempo. Das ging ein paar Mal so dahin, bis das Auto stoppte und zwei Polizisten ausstiegen. Die beiden musterten uns Franziskaner von oben bis unten, sagten aber kein Wort.

„Können wir Ihnen helfen?", sprachen wir sie schließlich an.
Sie antworteten, dass sie eigentlich wegen uns da seien und gerne wüssten, was wir hier machen würden.
„Wir fahren zu einem Ordensfest nach Graz und versuchen, die Strecke per Autostopp zurückzulegen. Ist das ein Problem?"
Die Polizisten verneinten und erklärten, sie seien von einem Anrainer angerufen worden, der behauptet hatte, zwei falsche Mönche auf frischer Tat ertappt zu haben. Der Anrainer hatte gemeint, wir seien wahrscheinlich Maurerlehrlinge, die in der Kirche ein heiliges Gewand gestohlen hätten und damit Leute betrügen würden. Die Maurerkluft, die wir unter den Habiten tragen würden, hätte uns enttarnt.

Um das Missverständnis aufzuklären, zeigten wir den Polizisten unsere Franziskanerausweise, erzählten ihnen von unserem Orden und Kleidungsmerkmalen. Das genügte ihnen als Beweis für unsere Echtheit, und die Beamten zogen wieder ab.
Von da an war das Glück wieder auf unserer Seite und es dauerte nicht lange, bis uns ein freundlicher Autofahrer nach Graz zum Ordensfest mitnahm.

Spielglück

Da man als Franziskaner nicht viel Geld hat, kommen Glücks-
spiele wie Lotto oder Euromillionen nicht in Frage. Einmal lu-
den mich jedoch zwei Pfarrgemeinderäte ins Casino Velden ein.
Sie veränderten meine Frisur und liehen mir einen Anzug, da
ich ja nicht mit Habit ins Casino gehen konnte.

Sehr wohl fühlte ich mich dort weiß Gott nicht, denn die
Gefahr war groß, dass mich Menschen erkennen könnten. Das
hätte sicherlich für böse Gerüchte gesorgt. Man rechnet ja nicht
mit einem Franziskaner im Spielcasino.

Ich sah tatsächlich ein paar Bekannte, gab mich aber nicht zu
erkennen und ließ das Casino-Flair mit all dem Glamour und
den reichen Menschen auf mich wirken. Ich beobachtete einen
berühmten Bordellbesitzer, der an diesem Abend sicherlich
100.000 Euro verspielte.

Er legte andauernd Pakete mit 500-Euro-Scheinen auf den
Tisch. Meine Freunde organisierten auch mir Jetons – jedoch
nur im Wert von 30 Euro. Am Ende des Abends hatte ich die
Summe sogar verdoppelt. Doch trotz dieses Erfolgs war es das
einzige Mal, dass ich mein Glück im Casino herausforderte.

Fußballfieber

Fußball ist für manche eine Religion, andere sind einfach begeisterte Fans. So auch ein Mitbruder aus Güssing, der sich während der Fußball-Europameisterschaft im Sommer 2012 ein iPad in den Beichtstuhl mitnahm. Immer wenn gerade niemand da war, schaute er sich die Spiele an und fieberte mit.

Außerdem habe ich von einem Organisten gehört, der statt des Gotteslobs seinen Laptop hinauf auf die Orgel mitnahm. Er war großer Italienfan und wollte kein Spiel seiner Lieblingsmannschaft verpassen.

Da er oft bei Abendmessen eingeteilt war, konnte er so via Livestream die Spiele verfolgen. Er schaute aber nicht nur während der Pausen, sondern auch während der Lieder. Nach jedem Treffer von Italien hätte er am liebsten „Großer Gott, wir loben dich" gespielt.

Bootsfahrt

Wenn Franziskaner Urlaub machen, dann natürlich auf möglichst günstige Art und Weise. Einmal fuhr ich mit ein paar Mitbrüdern nach Ravenna. Ich wollte die Stadt wegen der berühmten Mosaike unbedingt kennenlernen.

Wir hatten kein Hotel gebucht, sondern nur Schlafsäcke mitgenommen und für den Notfall die Adresse des dortigen Klosters aufgeschrieben.

Als wir mit dem Zug ankamen, war es bereits Abend. Wir beschlossen, die Stadt erst am darauffolgenden Morgen zu erkunden und uns für die Nacht eine bequeme Schlafstelle am Strand zu suchen. Da das Meer noch sehr warm war und wir eine laue Nacht erwischt hatten, gingen wir eine Runde schwimmen.

Später kamen wir mit Fischern ins Gespräch und hatten die reizvolle Idee, mit einem Boot aufs Meer hinauszufahren. Wir fragten also einen der Fischer, ob wir uns spontan ein Boot ausborgen könnten. Er meinte, wir könnten uns gern das Boot seines Freundes ausleihen.

„Ich vertraue euch Franziskanern. Ihr könnt damit so lange am Meer herumfahren, wie ihr wollt. Wenn ihr das Boot zurück an Land bringt, dreht es bitte um, spannt eine Plane darüber und befestigt es mit einem Zahlenschloss an der Boje."

Nachdem sich der Fischer verabschiedet hatte, schoben wir das Boot sogleich ins Wasser und ruderten – ohne uns großartig Gedanken zu machen – aufs Meer hinaus.

Als wir rund hundert Meter vom Ufer entfernt waren, bemerkten wir plötzlich, dass Wasser in das Boot eindrang. Während meine Mitbrüder so schnell sie konnten wieder Richtung

Ufer paddelten, versuchte ich mit einem Eimer das Wasser abzuschöpfen. Leider floss pro Sekunde weit mehr Wasser in das Boot, als ich je imstande gewesen wäre hinauszuschöpfen. In der Nähe des Ufers gingen wir schließlich unter.

Wir sprangen noch hinaus und versuchten, das Boot umzukippen, doch es war zu schwer. Also organisierten wir ein Fischerseil, um es an Land zu ziehen. Als uns ein Fischer beobachtete, wie wir uns abrackerten, fing er an zu lachen.

„Seid ihr mit diesem Boot aufs Wasser hinaus?", fragte er uns schadenfroh. „Damit kann man nicht fahren. Das hat ja gar keinen Motor drauf!"

Er erklärte uns, dass wir nicht in einem Ruder-, sondern in einem Motorboot am Meer unterwegs gewesen waren. Da der Besitzer den Motor mitgenommen hatte, um ihn vor Diebstahl zu schützen, drang über die Bohrungslöcher Wasser ein. Wir hatten Glück gehabt, dass das Meer in diesem Gebiet extrem seicht war, so konnten wir das Boot – und uns – retten.

Zehn Gebote

Zwei Franziskaner und ich wollten einem Mitbruder zur Priesterweihe ein ganz besonderes Geschenk machen. Uns schwebte vor, zwei Steinplatten mit den Zehn Geboten herzustellen, so wie sie Mose in der Bibel von Gott geschenkt bekommen hatte. Wir suchten uns in einem Steinbruch einen Marmorbrocken, den ein Steinmetz zurechtschlug.

Um die hebräischen Buchstaben eingravieren zu können, mussten wir diese zuvor mit einem Messer in eine Sandstrahlfolie meißeln. Da das eine zeitaufwendige Prozedur war und wir mit den Steinplatten im Kloster nicht gesehen werden wollten, beschlossen wir, die Platten mit auf eine Reise zu nehmen.

Unser Reiseziel war Assisi. Wir sollten dort Bruder Fritz abholen und nach Salzburg bringen. Wir fuhren mit dem Auto in Italien die Küste entlang und meißelten bei jeder Pause ein paar Buchstaben in die Folie. Am späten Abend bemerkten wir, dass die Bremsen des Autos nicht mehr richtig funktionierten. Also wechselten wir von der Autobahn auf die Landstraße und machten uns vergeblich auf die Suche nach einer offenen Werkstatt.

Da uns die Weiterfahrt im Dunkeln zu gefährlich schien, hielten wir neben einem Bauernhof. Wir wollten den Bauer fragen, ob wir uns mit unseren Schlafsäcken in seinen Obstgarten legen dürften. Da aber niemand zuhause war, legten wir uns einfach zwischen die Bäume und schliefen ein.

Am frühen Morgen weckte uns plötzlich ein lautes Donnern. Ein riesiger Traktor blieb wenige Meter vor uns stehen. Hinter dem Steuer saß der Bauer, der im ersten Moment sehr verblüfft auf uns herabblickte. Wir erklärten ihm, dass wir Franziskaner seien, die Bremsen unseres Autos kaputt waren und wir nichts zum Schlafen gefunden hätten. Als der Bauer unsere Habite sah, lachte er und meinte, das sei überhaupt kein Problem.

„Lasst euch nicht stören und rastet noch ein wenig. Ich fahre noch schnell in den Garten, um Pfirsiche zu ernten. Ich hole euch dann zum Frühstück ab", sagte der Bauer.

Nach dem Frühstück schenkte er uns so viele Pfirsiche, wie ins Auto passten. Der gesamte Kofferraum und auch der freie Platz auf der Rückbank waren bei unserer Weiterfahrt prall gefüllt mit Obst. Wir bedankten uns und fuhren zur nächsten Werkstatt.

Der Schaden war schnell repariert und die Fahrt konnte weitergehen. Da wir die Pfirsiche im heißen Auto nicht länger behalten konnten, verteilten wir sie am nächsten Strand unter den Badegästen. Da wir keine Kisten oder Säcke zum Transportieren hatten, füllten wir einen Habit an und gingen damit durch die Reihen der Badegäste.

Die einen hielten uns für verrückt und lehnten ab, die anderen waren erstaunt und nahmen die Früchte gerne an. Als wir wieder zum Auto zurückkehrten, bemerkten wir, dass durch den Transport der Pfirsiche eine unserer hebräischen Bibelvorlagen unleserlich geworden war. Um die Vorlage für die Zehn Gebote weiter bearbeiten zu können, benötigten wir eine neue Kopie.

In Assisi angekommen, war es kompliziert, eine passende hebräische Bibel und einen Kopierer zu finden, der die entsprechenden Seiten vergrößern konnte. Schließlich aber wurden wir fündig und wenige Tage später waren die Tafeln mit den Zehn Geboten fertig.

Als wir wieder zurück im Salzburger Kloster waren, perfektionierten wir unser Geschenk und bastelten aus Goldfolie und einer Holzkiste die Bundeslade Israels nach. Schließlich waren in jener die Steintafeln von Mose enthalten gewesen.

Da die Priesterweihe in Italien stattfand, fuhren meine Mitbrüder und ich mit der Bundeslade und den Zehn Geboten erneut mit dem Auto in Richtung Süden. An der Grenze beim kleinen Deutschen Eck interessierte sich der Zoll für unsere Fracht.

Neugierig begutachteten die Beamten die goldene Kiste und die Steintafeln. Sie glaubten, es seien die Originaltafeln des Mose und die echte Bundeslade Israels, die wir irgendwo gestohlen hatten. Schließlich konnten wir sie aber davon überzeugen, dass es sich um ein selbst gebasteltes Geschenk für unseren Mitbruder handelte.

Bei der Priesterweihe zogen wir Franziskaner feierlich mit den Steintafeln und der Kiste in die Kirche ein und überreichten unserem Mitbruder das Geschenk. Der Bischof, die Priester, Politiker und Gäste trauten ihren Augen nicht. Die vielen Strapazen hatten sich ausgezahlt, denn die Überraschung war gelungen und die Freude riesengroß.

Erntehilfe

Einen meiner „Auftritte" im Fernsehen verdanke ich meinem Bruder. Er hatte damals sehr viel Arbeit auf einem Bergbauernhof in Osttirol, daher wurden ihm von einer Agentur immer wieder Erntehelfer vermittelt.

Dabei handelte es sich meist um Wienerinnen und Wiener, die aus Nostalgiegründen freiwillig und kostenlos auf Bauernhöfen arbeiten wollten. Die meisten von ihnen glaubten, dass es wahnsinnig cool wäre, vierzehn Tage in der Natur zu arbeiten. Einmal meldete sich eine rund fünfzigjährige Wienerin, die noch nie einen Stall von innen gesehen hatte. Sie erwartete sich einen abenteuerlichen Urlaub am Bergbauernhof. Dazu kam, dass der ORF die Frau mit der Kamera begleitete.

Ziel des Beitrages war es, das Erntehelferprogramm im Fernsehen vorzustellen. Die Wienerin wurde bereits vor der Abreise beim Einpacken ihres Koffers gefilmt. Sie nahm Gummihandschuhe für die Arbeit im Stall und eine Wanderkarte mit – wahrscheinlich, weil sie glaubte, Zeit fürs Wandern zu haben. Da mein Bruder ledig war, bat ihn der ORF sogar extra zum Friseur. Die Redakteure hofften auf eine Liebesgeschichte zwischen der Städterin und meinem Bruder, dem Bergbauern.

Dabei war er rund zwanzig Jahre jünger als sie und benötigte eigentlich nur engagierte Hilfe am Hof. Als die Wienerin am Bauernhof ankam und zum ersten Mal den Stall betrat, machte ihr der Geruch Probleme. Komisch war außerdem, dass sie die Kühe mit Sie ansprach. „Liebe Kuh, kommen Sie her."

Außerhalb des Stalls machte sie ihre Arbeit aber sehr gut. Nur zum Wandern hatte sie keine Zeit. Der ORF begleitete sie stets mit der Kamera und filmte den gesamten Bauernhof ab. Dabei entdeckte der Kameramann ein Bild von mir, das an der Wand hing und mich als Pfarrer bei meiner ersten Gottesdienstfeier zeigte. Daher war ich einige Sekunden lang im Fernsehen zu sehen – und neben meinem Bruder und der Wienerin der dritte Fernsehstar im Bunde.

Aus der Liebesgeschichte zwischen den beiden wurde übrigens nichts, denn mein wahnsinniger Bruder beschloss ein paar Jahre später, ebenfalls Priester zu werden und das Priesterseminar in Innsbruck zu besuchen.

Im kommenden Jahr wird er geweiht. Er ist dann nicht nur mein Bruder, sondern auch mein Mitbruder.

Wanderlust

Als ich ein Jahr lang in Israel war, unternahm ich viele Wanderungen in die Wüste und in die Berge.

„Martin, wozu ist das Wandern gut?", fragten mich meine internationalen Mitbrüder oft, doch meine Erklärungen verstanden sie nicht. Ich erfuhr, dass das Wandern ein typisch mitteleuropäisches Hobby war und anscheinend sonst nirgendwo auf der Welt gewandert wurde.

Einmal, es war wunderschönes Wetter, konnte ich einen Brasilianer und zwei Mexikaner überzeugen, mit mir von Jerusalem nach Jericho zu wandern. Ich riet ihnen, einen Rucksack mit einer Jause und Wasser mitzunehmen.

„Das ist ja furchtbar", sagten sie. „Einen schweren Rucksack durch die Gegend schleppen – wozu?"

Um sie zu beruhigen, verstaute ich die Hälfte ihres Gepäcks in meinem Rucksack. Sie wunderten sich noch, warum ich so blöd war und ihren Proviant schleppte. Nachdem wir zehn Kilometer durch die Wüste gewandert waren, legten wir eine Pause ein und aßen unsere Jausenbrote. Meine Mitbrüder tranken Cola und andere Limonaden. Danach warfen sie, ohne mit der Wimper zu zucken, die leeren Plastikflaschen einen Abgrund hinunter.

Da das niemanden zu stören schien, hielt ich eine Moralpredigt. „Ihr verschmutzt die Umwelt! Wir sind in einem Land, das nicht uns gehört. Die Plastikflaschen liegen in einem Jahr auch noch da."

Da sie meine Kritik nicht verstanden, erklärte ich ihnen, dass wir in Österreich viel Wert auf eine saubere Umwelt legen und beim Wandern unseren Müll mitnehmen.

„Schon wieder ein Nachteil vom Wandern", meinten sie.

Ich konnte bei meinen internationalen Mitbrüdern kein Umdenken bewirken. Niemand dachte im Traum daran, die Plastikflaschen zu holen. Daher blieb das Saubermachen meine Angelegenheit.

Ich stieg den Abgrund hinunter, packte die leeren Flaschen in meinen Rucksack und kletterte wieder hoch. Während meine Mitbrüder weiterhin rasteten, erkundete ich die Umgebung und entdeckte fünfzig Meter weiter eine kleine Höhle. Von dort aus ertappte ich die anderen dabei, wie sie in meinem Rucksack kramten. Ich fragte mich, ob sie den Plastikmüll herausnehmen und ihn wieder den Abgrund hinunterschmeißen würden.

Daher kontrollierte ich, bevor wir weitermarschierten, noch einmal den Abgrund und konnte zum Glück keine Plastikflaschen entdecken. Als ich jedoch meinen Rucksack anhob, merkte ich, dass sie ein paar Kilo Steine hineingestopft hatten.

„Pflanzen könnt ihr jemanden anderen", dachte ich, und wanderte mit dem Rucksack voller Steine bis nach Jericho, ohne eine Miene zu verziehen. Als wir dort auf den Linienbus zurück nach Jerusalem warteten, beschlossen wir, unsere restliche Jause zu essen. Während die anderen ihre Brote auspackten, klaubte ich seelenruhig einen Stein nach dem anderen aus dem Rucksack.

Meine Mitbrüder lachten und glaubten tatsächlich, dass ich erst jetzt die Steine bemerkt hätte. Ich klärte sie auf, dass ich es sehr wohl gewusst hatte und nützte ihre Betroffenheit, um erneut mit ihnen über das Thema Umwelt zu sprechen.

Leider fehlte ihnen nach wie vor jegliches Verständnis. Überhaupt merkte ich in Israel, dass in armen Gegenden kein Gedanke an eine saubere Umwelt verschwendet wurde. Ich sah zum Beispiel Müllwägen, die ihren Inhalt einfach in ein Wadi (zeitweilig ausgetrockneter Flusslauf in einem Trockental) hinunterkippten.

Wenn ich heute im Kloster meinen Müll entsorge, muss ich oft an die Wanderung nach Jericho denken.

Totenerwachen

Als ich einmal in Assisi auf Urlaub war, hatte ich eine Idee. Ich wollte mit einem Schlafsack auf der Insel Maggiore mitten im Trasimenischen See übernachten, da dort Franz von Assisi einmal die 40-tägige Fastenzeit verbracht hatte.

Per Autostopp gelangte ich bis zum Seeufer, borgte mir ein Tretboot aus und fuhr damit zur Insel. Als ich das Boot an einem Baum befestigt hatte, erkundete ich die Insel. Sie war überschaubar klein, bestand auf der einen Seite aus einem Fischerdorf und war ansonsten übersäht von Olivenbäumen. Auf der höchsten Stelle befand sich eine kleine Kapelle. Dort legte ich mein Gepäck ab und genoss die Ruhe. Als ich Hunger bekam, ging ich zum Fischerdorf.

„Bist du unser neuer Pfarrer?", fragten mich die Fischer. Ich stellte mich vor und erklärte ihnen, dass ich es Franz von Assisi gleichtun und bei der Kapelle unter freiem Himmel übernachten wolle.

„Das ist aber gefährlich. Da geistert es in der Nacht", meinten die Fischer und erzählten mir, dass sich neben der Kapelle ein Friedhof befände, in dem nachts die Toten auferstehen.

Ich musste lachen und erklärte ihnen, dass ich nicht an Geister glaube. Wir aßen so viel Fisch, dass unsere Bäuche beinahe platzten. Vor dem Schlafengehen versuchten die Fischer noch einmal, mich von meinem Vorhaben abzubringen. Sie meinten, ich könne jederzeit kommen und in ihren Häusern übernachten, sollte ich mich bei der Kapelle zu sehr fürchten. Ich dankte ihnen und ging zur Kapelle.

Es war eine laue und wolkenlose Nacht. Ich legte mich in meinen Schlafsack, genoss die Abendstimmung und schlief entspannt ein. Mitten in der Nacht wurde ich plötzlich von einem

Klopfen geweckt. Mir fielen die gruseligen Geschichten der Fischer ein und befürchtete zuerst, dass mir jemand einen Streich spielen wollte.

Das Geräusch hörte nicht auf und war keine zwei Meter von mir entfernt. Ich leuchtete mit meiner Taschenlampe die Gegend ab, konnte aber nichts Verdächtiges, weder Tiere noch Menschen, erkennen.

Von daheim kannte ich ähnliche Geräusche. Dort klopften Hasen mit ihren Hinterbeinen auf den Boden. Doch diesmal war weit und breit nichts zu sehen. Das Klopfen kam eindeutig vom Boden.

„Am Ende sind es wirklich die Toten, die unter mir begraben liegen", dachte ich für einen Moment.

Am Morgen erfuhr ich des Rätsels Lösung. In der Nähe der Kapelle stand ein riesengroßer Olivenbaum, von dem die reifen, aber steinharten Oliven zu Boden gefallen waren. Mir hatten tatsächlich Olivenbäume Angst eingejagt.

Als die Fischer von meinem nächtlichen Erlebnis hörten, mussten sie lachen: „Padre, wir haben es dir gleich gesagt. Da oben bei der Kapelle spukt es."

Bischofsbesuch

Im Salzburger Kloster hatten wir es einmal mit einem eigenartigen Gast zu tun. Mein Mitbruder Clemens bekam einen Anruf von einer Dame, die angeblich bei der afrikanischen Botschaft in Wien arbeitete. Sie bat uns, einen Bischof aus dem Sudan, der sich gerade in Salzburg aufhalte, für ein bis zwei Nächte im Kloster aufzunehmen.

Natürlich sagten wir der Dame von der Botschaft zu und begrüßten wenige Stunden später den englischsprechenden Bischof. Nachdem er das Gästezimmer bezogen und das Abendessen zu sich genommen hatte, wollte er sich in sein Zimmer zurückziehen.

„Ich bin sehr müde von meiner Reise und wünsche keine weitere Abend-Unterhaltung", sagte er. Wir waren etwas enttäuscht, da wir gerne mit dem Bischof geplaudert hätten.

Am frühen Morgen boten wir ihm an, als Hauptzelebrant die Morgenmesse zu feiern. Doch er verneinte mit der Begründung, er sei unserer Sprache zu wenig mächtig. Einem Mitbruder, der gerade eine Diplomarbeit über Franziskaner in Afrika geschrieben hatte, war unser Gast nicht geheuer.

Ihm war in einem Gespräch mit dem Bischof aufgefallen, dass dieser über Zahlen und Fakten der afrikanischen Klöster überhaupt nicht Bescheid wusste.

Der Mitbruder beschloss also, den Bischof und sein Verhalten beim Zelebrieren der Morgenmesse genau zu beobachten. Da er seinen Verdacht nach der Messe bestätigt fühlte, ging er ohne Umschweife zum Bischof.

„Mit Ihnen stimmt etwas nicht. Wahrscheinlich sind Sie nicht einmal ein Priester!", sagte er zum Bischof, der sich daraufhin beleidigt zurückzog.

Nach dem Frühstück bemerkten wir, dass sein Zimmer leer war und er das Kloster verlassen hatte. Ein anderer Mitbruder erzählte uns, dass er den Bischof in der Nacht getroffen hätte.

„Ich konnte nicht schlafen und war am Weg zur Toilette. Da sah er sich gerade Gemälde am Gang an."

Es sei ihm komisch vorgekommen, schließlich war es nach Mitternacht und der angeblich müde Bischof wirkte hellwach.

Rund einen Monat später rief die Polizei bei uns an und fragte, ob wir kürzlich einen Mann zu Gast hatten, der sich als afrikanischer Bischof ausgegeben hatte.

„Es handelt sich dabei nämlich um einen Kunstdieb", erzählte der Polizist, „Er wurde im Stift Melk enttarnt, als er gerade ein wertvolles Bild in sein Auto verlud."

Die Mönche hatten ihn dabei erwischt und die Polizei gerufen. Wir hatten also einen Kunstdieb im Haus gehabt, doch bei uns war er ohne Beute wieder abgezogen. Er hatte wohl nicht gewusst, dass Franziskanerklöster keine wertvollen Kunstwerke beherbergen.

Wilde Autofahrt

In einer Samstagnacht fuhr ich mit dem Auto von meinem Heimatdorf über die Gailtal-Bundesstraße zurück nach Villach ins Kloster. Obwohl ich erst gegen Mitternacht die rund zweistündige Reise antrat, war sehr viel auf den Straßen los.

Als mir plötzlich eine ganze Kolonne an Autos entgegenkam, war ich dermaßen geblendet, dass ich nicht realisierte, was im nächsten Moment passierte. Es gab einen Riesenknall.

Ich war extrem geschockt und legte eine Vollbremsung hin.

„Oh mein Gott, da war ein Fußgänger auf der Fahrbahn", dachte ich. Als ich aus dem Auto stieg und die Fahrbahn erkundete, sah ich etwas Dunkles auf der Straße liegen. Erleichtert stellte ich fest, dass es kein Mensch, sondern ein Reh war. Schnell zog ich das tote Tier auf die Seite, parkte mein Auto am Straßenrand und rief die Polizei.

Nachdem die Beamten eingetroffen waren, schenkten sie mir ein paar Liter Mineralwasser, da mein Kühlergrill durch den Unfall beschädigt worden war und langsam auslief. Ich hatte noch zwanzig Kilometer nach Villach und schaffte es tatsächlich, mit dem Wasser der Polizei und ohne Abschleppdienst heil anzukommen.

Beim Aufprall hatte ich solche Angst gehabt, einen Menschen erwischt zu haben, dass ich im Kloster selbst nach Stunden noch ein ungutes Gefühl im Magen hatte.

Geisterstunde

Persönliche Besuche in der Pfarrgemeinde gehören zur Aufgabe eines Pfarrers. Einmal rief mich eine Frau an und bat mich, ihre Wohnung zu segnen, da sich sonderbare Dinge dort abspielen würden. Ich willigte ein, hatte aber ein mulmiges Gefühl, als ich abends zu ihr kam.

Mir öffneten zwei ältere Damen die Tür – die Frau, die mich angerufen hatte und eine ihrer Freundinnen. Nachdem wir uns gesetzt hatten, begannen die Frauen etwas von einer Verstorbenen zu erzählen, die einmal in dieser Wohnung gelebt hatte. Sie erzählten und erzählten und hörten auch nach einer Dreiviertelstunde nicht auf.

Anfangs dachte ich noch: „Martin, reiß dich zusammen. Du musst durchhalten."

Doch ich wurde immer müder und schließlich fielen mir sogar die Augen zu. Den Frauen fiel es glücklicherweise nicht auf, sie erzählten einfach weiter. Während ich also wie hypnotisiert dasaß und schlief, ertönte plötzlich ein extrem lauter Knall. Erschrocken riss ich die Augen auf. Die beiden Frauen saßen mir immer noch gegenüber, wirkten aber weniger überrascht als ich und sagten: „Siehst du, Pater Martin, das sind die Scherze, die sie immer treibt."

„Wer?"

„Ja die Verstorbene, von der wir dir die ganze Zeit erzählen. Manchmal kracht es, manchmal wackelt der Tisch – so geht das schon seit Wochen."

Die Situation war mir sehr unheimlich. Jedenfalls war ich nach dem Knall wieder hellwach und segnete zügig die Wohnung. Ich glaube aber nicht, dass es etwas genutzt hat. Wie froh war ich, als ich endlich gehen durfte. Noch zuhause im Kloster lief mir ein Schauer über den Rücken.

Hochzeitsgast

Mein Cousin heiratete an einem wunderschönen Herbsttag im Lesachtal. Ich war als Trauungspriester eingeladen und da es im Freien sehr warm war, ließ ich die hinteren Kirchentüren während der Hochzeitsmesse sperrangelweit offen.

Während der Feier bemerkten wir, dass die Hochzeit mit dem Almabtrieb zusammenfiel, denn vor dem Kirchenplatz versammelten sich hunderte Schafe und Ziegen. Die Hirten und Bauern rasteten dort mit ihren Tieren, bevor sich ihre Wege trennten.

Als gerade ein Musikstück gespielt wurde, betrat ein eigenartiger Hirte die Kirche. Auf dem Kopf trug er einen geschmückten Hut, in der linken Hand hielt er einen Korb mit Käse und in der rechten führte er ein Schaf an der Leine. Der Hirte ging den Mittelgang entlang, vorbei an der Hochzeitsgesellschaft und vorbei am Brautpaar.

Erst vor dem Altar blieb er mit seinem Schaf stehen. Nach dem Musikstück fragte er mich: „Hallo Pater Martin, darf ich meine Gaben hier am Altar ablegen? Ich bin so dankbar, dass auf der Alm dieses Jahr alles gut gegangen ist."

Ich schaute ihn überrascht an, und noch bevor ich etwas sagen konnte, stellte er seinen Korb ab. In diesem Moment mähte sein Schaf laut auf. Einige Kirchenbesucher mussten lachen, das Brautpaar traute seinen Augen und Ohren nicht.

Sie nahmen die ungewöhnliche Aktion während ihrer Hochzeitsfeier aber mit Humor und gaben sich, nachdem der Hirte und sein Schaf die Kirche wieder verlassen hatten, das Jawort.

Elektroschock

Einmal bestieg ich mit zwei Mitbrüdern den Triglav, den höchsten Berg der julischen Alpen. Sie waren skeptisch, weil der Wetterbericht nichts Gutes vorausgesagt hatte. Da sich dieser aber auch die vergangenen Tage geirrt hatte, machten wir uns trotzdem auf den Weg.

Rund 1400 Höhenmeter waren zu überwinden. Am Anfang kamen wir recht flott voran, doch als wir uns dem Gipfel näherten, kündigte ein heftiger Donner ein Gewitter an.

„Ah, das ist noch weit weg", versuchte ich meine Mitbrüder zu beruhigen. Tatsächlich war der Himmel über dem Gipfel noch wolkenlos. Nur in der Ferne waren schwarze Wolken und der eine oder andere Blitz zu sehen. Wir rechneten uns aus, dass das Gewitter rund 18 Kilometer entfernt sein müsste. Während wir weitermarschierten, bildeten sich langsam dünne, weiße Wolken am Himmel. Mit der Zeit kam mir das Wetter etwas eigenartig vor. Jedes Mal, wenn ich mich bei einem Felsen anhielt, kitzelte es mich, als würde ich einen elektrisch geladenen Pullover ausziehen. Dazu passte auch meine Frisur.

„Martin, deine Haare stehen ja kerzengerade in die Höhe", meinten meine Mitbrüder erstaunt. Als sie ihre eigenen Kapuzen abnahmen, hatten auch sie Igelfrisuren. Unsere Haare standen sprichwörtlich zu Berge. Wir dachten uns nicht viel dabei und marschierten weiter in Richtung Gipfel.

Je höher wir kamen, desto unangenehmer wurden die elektrisierenden Berührungen mit dem Felsen. Als meine Mitbrüder ihre Handschuhe auszogen, spürten auch sie ein heftiges Kribbeln. Bei einer steilen Stelle, bei der wir uns an Metallseilen anhalten mussten, entstanden sogar kleine Funken.

Schließlich erreichten wir völlig benommen das Gipfelkreuz. Wir wünschten uns „Berg Heil" und bemerkten ein blaues Ladungsfeuer, das das Gipfelkreuz mit dem Himmel verband. Es war ein gewaltiges Naturschauspiel. Die Situation war uns jedoch unheimlich, daher beschlossen wir, den Gipfel schleunigst zu verlassen.

Wir wählten einen Abstieg, der bei einer Hütte vorbeiführte, um im Falle eines Gewitters Schutz zu finden. Da wir keine Lust auf weitere Elektroschocks hatten, vermieden wir es, am Weg den Felsen oder Metallseile anzugreifen. Die Spannung, die drohend in der Luft lag, machte uns inzwischen immer größere Sorgen. Dazu kam, dass wir im Sattel zwischen dem großen und kleinen Triglav Gedenktafeln entdeckten, die an vom Blitz erschlagene Bergsteiger erinnern sollten. Da rannten wir, was das Zeug hielt. Uns war endlich klar geworden, dass wir uns in akuter Gefahr befanden. Kurz bevor wir die Hütte erreichten, brach ein Gewitter los. Mit einer unbeschreiblichen Wucht schlug ein Blitz nach dem anderen am Gipfel ein. Klatschnass betraten wir die Schutzhütte.

„Wo kommt ihr denn her?", fragte uns der Hüttenwirt erstaunt.

„Vom Gipfel", antworteten wir. Seine Augen verfinsterten sich.

„Da habt ihr aber Glück gehabt. Bei Gewitter ist es dort lebensgefährlich."

Er erklärte uns, dass die Luft dann negativ geladen sei und sich am Berggipfel eine Gegenspannung aufbauen würde. Dies führe zu Blitzen, die für Bergsteiger tödlich enden können. Ich erlebte dieses Phänomen damals zum ersten Mal. Nie werde ich vergessen, wie benommen wir von der ganzen Spannung waren. Die Elektrizität hatte unser Hirn ausgeschaltet. Gott sei Dank war uns noch rechtzeitig ein Licht aufgegangen.

Überraschungsparty

In Innichen wollte mir eine Frau zum Geburtstag gratulieren, blöderweise hatte sie sich im Monat geirrt. Sie stand mit ihrer Familie vor der Klostertür und hielt eine Torte mit vierzig brennenden Kerzen in der Hand. Die Gratulanten hatten Blumen mit und sangen „Happy Birthday".

Ich freute mich sehr und ließ sie fertigsingen. Erst nach dem Ständchen verriet ich ihnen, dass sie einen Monat zu bald dran gewesen waren. Wir feierten aber trotzdem weiter. Mir gefiel es sehr, dass wir schon einen Monat vorher mit den Feierlichkeiten begonnen hatten.

Im Kloster wird nur der Namenstag gefeiert, der Geburtstag ist bei uns nicht wichtig. Wir gratulieren uns zwar, aber ansonsten passiert nichts. Das kommt von früher, als man noch meinte, dass die Geburt normal und nichts Großartiges sei. Viel wichtiger sei es, einen Namen zu haben – denn dadurch ist man etwas Besonderes.

Bei der christlichen Taufe feiert man zwar auch die Dankbarkeit für die Geburt, aber vor allem die Namensgebung. Außerdem geht es darum, sich gemeinsam mit Gott spirituell auf den Weg zu machen. Man wird mit Wasser, also mit dem Lebenssymbol schlechthin, konfrontiert, damit man nicht vergisst wie aufregend, wohltuend, reinigend und lebensnotwendig Gott ist.

Ich habe ja Glück, denn mein Namenstag fällt mit meinem Geburtstag beinahe zusammen. Am 11. November ist mein Namenstag, am 13. habe ich Geburtstag. Das ist natürlich eine einzige Party.

Die Tätowierung

Vor einem halben Jahr war ich auf einer Party eingeladen. Zu später Stunde kam ein junger Bursch auf mich zu und sagte: „Hallo, Pater Martin. Jetzt ist mir erst eingefallen, dass wir heute ja einen Pfarrer dabei haben. Ich habe nämlich eine Frage. Die Tätowierung, die ich seit Jahren am Rücken trage, ist irgendetwas Heiliges. Ich habe schon viele Leute gefragt, was sie bedeuten könnte, aber es hat mir noch nie jemand weiterhelfen können."

Daraufhin zog der Bursche sein Hemd aus und ließ mich das Tattoo auf seinem Rücken begutachten. Zu sehen war der Erzengel Michael, wie er den Satan in die Hölle hinunterstürzt.

Ich kannte das Motiv aus alten Gebetsbüchern. Es handelte sich um ein neugotisches Bild, genauer gesagt um einen Linolstich von 1890. Der Tätowierer hatte das Motiv fast eins zu eins übernommen.

„Pater Martin, woher weißt du das?", fragte mich der Bursch.

Ich antwortete ihm, dass es zur Allgemeinbildung eines Pfarrers gehöre, religiöse Illustrationen aus der Bibel zu erkennen. In diesem Fall handelte es sich um eine Darstellung aus der Offenbarung des Johannes.

Der Erzengel Michael stand hier symbolisch für die Kraft Gottes, die das Negative besiegt.

„Ist das eigentlich ein gutes oder schlechtes Symbol?", fragte er mich weiter. Meiner Meinung nach war es ein gutes.

„Wer dieses Bild trägt, will eigentlich sagen, dass er so sein will wie Michael. Er setzt sich für das Gute ein."

Diese Antwort gefiel ihm. Ich fragte den Burschen, warum er das Bild denn eigentlich ausgewählt hätte. Er meinte, der Tätowierer hätte ihm einen Katalog mit vielen Motiven gegeben, und dieses hätte ihm am besten gefallen.

In meiner Tätigkeit als Pfarrer darf ich immer wieder religiöse Symbole erklären. Und das nicht nur in Kirchen, Museen oder alten Büchern, sondern – wie an diesem Abend – auch bei Tätowierungen.

Protest

Einmal half ich in einer anderen Pfarre als Priester bei einer Messfeier aus. Der dortige Pfarrer wollte den Kirchenbesuchern Abwechslung bieten, indem er immer wieder andere Priester einlud, den Gottesdienst zu halten.

Als ich zum ersten Mal die Kirche betrat, wunderte ich mich sehr über die außergewöhnliche Raumgestaltung. Der Altar war nur ein gewöhnlicher Tisch, der aus ungehobelten Dachlatten provisorisch zusammengezimmert war. Da überall Nägel hervorstanden, musste ich aufpassen, mir das Messgewand nicht zu zerreißen. Auch das Lesepult und die Kirchenbänke bestanden aus Dachlatten.

„Du hast da aber einen sehr interessanten Altar. Nahezu erschreckend nüchtern. Selbst wir Franziskaner haben in unseren Kirchen bessere Stücke", sagte ich.

„Mehr haben wir nicht mehr. Uns haben sie alles gestohlen. Den Altar, den Ambo, den Wald und auch das Feld", erklärte mir der Pfarrer.

„Komisch, normalerweise werden Engel oder Kerzenleuchter gestohlen, aber dass jemand einen Altar mitgehen lässt, ist mir neu. Wer hat den das alles gestohlen?", hakte ich nach.

„Da wirst du staunen. Es war der Bischof."

Da musste ich lachen.

„Ist er mit einem Möbelauto gekommen und hat alles abgeholt?"

Der Pfarrer erklärte mir, dass jene Pfarren, die viel Wald und Feld besaßen, ihren Besitz an die Diözese abgeben mussten. Früher hatten Priester die Grundstücke bewirtschaftet, um ihren Lebensunterhalt zu bezahlen. Heute sorgt die Diözese für die Priester und will daher auch die Grundstücke verwalten.

Aus Wut über den Bischof hatte der Pfarrer den Altar und die andere Kircheneinrichtung am Dachboden versteckt. Er hatte die Kirche ausgeräumt, um öffentlich zu zeigen, wie schlecht es der Pfarre jetzt ging.

Klosterkeller

Das Ennser Kloster ist sehr alt. Im ersten Stock befindet sich eine kleine Kapelle. Sie dient dem Stundengebet der Brüder und war einmal ein Studiersaal.

Im Jahr 1710 gab es in Enns einen Pfarrer, der so viele junge Leute für das Priesteramt begeistern konnte, dass die Errichtung eines Priesterseminars im Kloster nötig wurde.

Wenn ich Besucher durch das Kloster führe, zeige ich ihnen diese Kapelle und natürlich den geheimnisvollen Klosterkeller. Das Besondere am Keller ist das Konglomerat. Man kann erkennen, aus welchen Gesteinen der Stadtberg aufgebaut ist. Außerdem ist der Keller mehrere Stockwerke tief.

Zwei der Räume zeige ich den Besuchern, ein Raum bleibt verschlossen, da er nur sehr schwer erreichbar ist. Der Eingang würde über eine steile Stiege führen, bei der man leicht abstürzen kann.

Früher waren in den Klosterräumlichkeiten ein Gasthaus und eine Brauerei beheimatet. Im Keller wurden Bier- und Weinfässer gelagert. Heute erinnern dort nur noch ein paar alte Flaschen an diese Zeit.

Einmal besichtigte ich mit einem jungen Ehepaar den Klosterkeller. Während ich mich mit dem Mann unterhielt, verschwand die Frau in einem Seitenraum. Plötzlich schrie sie auf, als wäre sie von einem Skelett angesprungen worden. Dann lachte sie und meinte: „Pater Martin, das habe ich in meinem ganzen Leben noch nicht gesehen: so ein großes Spinnennetz."

Und tatsächlich war vor der Frau ein zwei Quadratmeter großes Gebilde aus Spinnweben aufgespannt.

„Kein Wunder", sagte ich, „außer Spinnen und Insekten verirrt sich selten jemand in dieses Kellerloch."

Da wir die Spinne zum Netz allerdings nicht finden konnten und die junge Frau allmählich nervös wurde, machten wir uns bald wieder auf den Weg zurück ans Tageslicht.

Halloween

Einen der vergangenen Halloweenabende werde ich nie vergessen. Gegen zehn Uhr abends ging ich vom Krankenhaus zurück ins Kloster, als mir eine Gruppe verkleideter Jugendlicher entgegenkam. Als sie mich sahen, mussten sie lachen.

„Ein Mönch! So eine coole Halloweenverkleidung", sagten sie. Ich erklärte ihnen, dass ich eigentlich nicht verkleidet sei, sondern einem Orden angehöre und die Kutte ein Teil meiner offiziellen Uniform ist. Wir mussten alle lachen. Es stellte sich heraus, dass die Jugendlichen keine Ennser waren und mich daher nicht kannten.

Es gibt aber auch Anlässe, bei denen ich mich als Franziskaner auch verkleide, im weiteren Sinne zum Beispiel als Nikolaus am 6. Dezember. Im Fasching verkleide ich mich gerne als Clown. Passend zu meinem geschminkten Gesicht ziehe ich zur Sonntagsmesse ein möglichst buntes Messgewand an.

Außerdem feiere ich am Faschingsdienstag mit meinen Mitbrüdern eine Faschingsparty im Kloster. Zu diesem Anlass lässt sich jeder eine originelle Verkleidung einfallen.

Der Höhepunkt war, als einmal ein Mitbruder als „umweltfreundlicher Mistkübel" verkleidet zur Party kam. Das war vielleicht ein Spaß.

Wächter des Klostergartens

Am 11. November 2010 wurde am Ennser Hauptplatz der Faschingsbeginn gefeiert. Die Stadtgemeinde lud mich ein, an der Feier teilzunehmen und den Faschingswein zu segnen.

Die Zeremonie fand am Balkon des Museums statt. Nach den offiziellen Ansprachen verkündete der Bürgermeister vor der versammelten Bevölkerung: „Heute beginnt nicht nur der Fasching, heute hat auch jemand Namenstag. Nämlich unser Pfarrer Martin.“

Dann erzählte er, wie der Heilige Martin am Stadttor von Amiens einen Bettler traf und mit ihm seinen Mantel teilte. Martin galt im Weströmischen Reich als Pionier des Mönchtums. Als der Bischof von Tours starb, wählten ihn die Menschen aufgrund seiner guten Taten zum neuen Bischof.

Der Legende nach wollte Martin in seiner Demut dieses Amt nicht annehmen, also versteckte er sich in einem Gänsestall. Die Gänse verrieten ihn aber, indem sie so laut schnatterten, dass Martin gefunden und schließlich zum Bischof geweiht wurde. Seitdem geht es den Gänsen am 11. November, zu Martini, an den Kragen.

Nachdem der Bürgermeister diese Geschichte erzählt hatte, holte er eine lebende Gans mit rotem Mascherl auf den Balkon des Museums und sagte: „Lieber Martin, wir wünschen dir alles Gute zum Namenstag und dir und deinen Mitbrüdern einen guten Appetit.“

Anschließend bekam ich die schnatternde Gans überreicht. Bei der Feier waren viele Kinder anwesend, die von dem Tier ganz begeistert waren. Daher nahm ich das Mikrofon und verkündete, dass die Gans nicht im Kochtopf landen werde, sondern ab sofort im Klostergarten leben dürfe.

Nach der Faschingsfeier waren viele Brüder aus der Umgebung zum Mittagessen im Kloster eingeladen. Als ich dort gemeinsam mit meiner neuen Gans auftauchte, waren natürlich alle überrascht. Die Gans glaubte sicher, jetzt hätte ihre letzte Stunde geschlagen. Aber ich hielt mein Versprechen und gab ihr im Klostergarten ein Zuhause. Damit die Gans nicht so einsam sein musste, rief ich noch am selben Tag den Bürgermeister an und erkundigte mich nach der Herkunft des Tieres.

„Willst du sie zurückgeben?", fragte er mich erschrocken.

„Nein, aber Gänse sind Herdentiere. Ich brauche noch eine Gans." Nachdem mir der Bürgermeister den Kontakt zur Gänsezüchterin gegeben hatte, rief ich dort an. Als ich mich vorstellte, lachte die Züchterin laut auf.

„Aha. Du willst sicher die Gans zurückgeben."

Wieder verneinte ich und erklärte ihr mein Anliegen. Sie gab mir daraufhin eine zweite Gans und es dauerte nicht lange, da hatte ich meine eigene Gänsezucht, denn bereits im Frühling schlüpften zwei Jungtiere.

Inzwischen hat sich die Gänsefamilie sehr gut eingelebt. Sie ersetzen sogar eine Alarmanlage: Wenn sich ein Fremder nähert, schnattern sie los. Es kommt auch vor, dass der Gänsevater, der Verteidiger der Familie, unbekannten Personen ins Wadel zwickt. Die Gänse sind inzwischen also nicht nur meine Freunde, sondern auch die Wächter des Klostergartens geworden.

Weihwasser

Einer meiner Mitbrüder hat die Angewohnheit, besonders viel Weihwasser zu verwenden und die Kirchenbesucher bei Segnungen damit ordentlich anzuspritzen. Dass das ziemlich ins Auge gehen kann, zeigte sich einmal bei einer Adventkranzweihe.

Mein Mitbruder ging gerade durch die Reihen und segnete die mitgebrachten Kränze. Da trafen einige Weihwassertropfen einen Mann ins Auge und schwemmten seine Kontaktlinse heraus. Die kleine durchsichtige Schale flog direkt in das Zweiggeflecht des Adventkranzes und war sofort verschwunden.

Nach der Weihe ging der Mann in die Sakristei und beschwerte sich bei uns Priestern. Wir entschuldigten uns natürlich und halfen ihm, die Linse im Adventkranz zu suchen, doch vergeblich.

Gegen neun Uhr abends rief er bei uns im Kloster an und meinte glücklich, er habe den Kranz zuhause komplett auseinandergenommen und die Linse tatsächlich zwischen den Zweigen wiedergefunden.

Vom frisch geweihten Adventkranz blieb schlussendlich nur ein Haufen Tannenzweige übrig.

Zeitungsartikel

In der Adventszeit feiere ich einmal im Jahr mit Volksschulkindern und ihren Eltern einen Lichtergottesdienst. Diese Feier heißt Rorate und beginnt schon um sechs Uhr am Morgen – noch lange bevor die Sonne aufgeht.

Die Kinder nehmen ihre Laternen mit und gestalten die Messe mit Liedern und Texten. Nach der Messe gibt es ein gemeinsames Frühstück, bevor dann der Unterricht in der Schule beginnt.

Die Volksschulkinder freuen sich auf diesen Tag. Meistens machen zwischen siebzig und hundert Kinder mit und sind stolz darauf, es geschafft zu haben, so zeitig aufzustehen.

Als es wieder einmal so weit war, passierte ein Zwischenfall: Ich hatte wieder zahlreiche Kinder eingeladen und freute mich auf die bevorstehende Rorate. Bevor es losging, kam eine Mutter auf mich zu und sagte: „Pater Martin, weißt du, dass du heute in der Zeitung bist?"

In einer Regionalzeitung war ein Artikel abgedruckt, dessen Titel lautete: „Pfarrer zwingt Kinder um sechs Uhr früh in die Kirche."

In den Zeilen darunter war zu lesen, dass ich die Kinder in meiner Funktion als Religionslehrer zwingen würde, in die eiskalte und stockfinstere Kirche zu gehen. Wir ließen uns durch diesen Bericht die Freude an der Rorate nicht verderben und feierten einen wunderschönen Gottesdienst.

Die Direktorin der Schule wollte sich bei der Zeitung beschweren. Sie meinte, die Redakteure sollten selbst einmal an dieser

Messe teilnehmen, dann wüssten sie, dass den Kindern das gemeinsame Aufstehen, Feiern und Frühstücken sehr gefallen würde. Es stellte sich heraus, dass sich eine Mutter, die mit diesem ungewöhnlich frühen Messtermin überfordert war, bei der Zeitung beschwert hatte.

Die Missverständnisse waren aber schnell geklärt und der Spruch wieder einmal bestätigt: „Man soll nicht alles glauben, was in der Zeitung steht."

Adventmusik

Ein Zitat des heiligen Augustinus lautet: „Wer musiziert, betet doppelt".

Als Kind lernte ich am Bauernhof schon bald das Spielen auf der Blockflöte. Anfangs hatte ich keinen Lehrer, sondern brachte mir vieles selber bei, indem ich auswendig nach dem Gehör spielte. Später lernte mir meine Mutter, wie man Noten liest.
    Diese Fähigkeit war mir in den ersten Jahren im Kloster sehr hilfreich. In Salzburg war es beispielsweise üblich, nach jedem Abendgottesdienst im Advent noch ein bisschen zu musizieren. Gemeinsam mit meinen Mitbrüdern spielte oder sang ich mehrstimmig Weihnachtslieder neben der Krippe.

Die Kirchenbesucher kannten diesen Brauch und hörten uns oft beim Musizieren zu. Auch heute packe ich noch gerne die Flöte aus, zum Beispiel in der Schule oder bei Gottesdiensten zu Weihnachten. Meine Lieblingslieder sind „Wir sagen euch an, den lieben Advent", „Macht hoch die Tür", „Maria, dich lieben ist allzeit mein Sinn", „Es ist ein Ros entsprungen" und „Stille Nacht".
    Da ich leider wenig Zeit zum Üben habe, sehe ich immer im Gotteslob nach, welche Lieder wenige Vorzeichen haben. Denn ich kann nur das fis und das b. Wenn die Lieder schwieriger sind, helfen mir die Kinder, denn sie spielen natürlich weit besser als ich.

Nikolausbesuch

Ich bin kein Moralapostel. Wenn ich als Nikolaus an die Haustür komme, möchte ich, dass mir die Eltern einen Zettel überreichen, auf dem auch positive Dinge über ihre Kinder stehen. Das ist nicht immer der Fall. Manche wollen, dass ich ihre Erziehungsarbeit übernehme.

Auf den Zetteln steht beispielsweise, dass die Kinder künftig früher ins Bett gehen, den Eltern mehr gehorchen und weniger untereinander streiten sollen.

Ich sehe keinen Sinn dahinter, als Nikolaus allzu negative Dinge zu sagen. Es sollten eher Wünsche der Eltern an ihre Kinder aufgeschrieben werden. Manche Familien möchten gerne, dass ich einen Krampus mitnehme, aber normalerweise bin ich ohne diesen Weggefährten unterwegs. Bei großen Kindern machte ich einmal eine Ausnahme. In diesem Fall war der Krampus aber brav und die Kinder wussten, dass es sich nur um ein Verkleidungsspiel handelte.

Inzwischen gebe ich mich, wenn es Sinn macht, auch den jüngeren Kindern als Pater Martin zu erkennen und nehme Mütze und Bart ab. Schließlich möchte ich ihnen vermitteln, dass ihnen keine Witzfigur vom Himmel erscheint, sondern es darum geht, ein bisschen so zu sein wie Nikolaus, einander Gutes zu tun und zu teilen.

Was mich in der Vergangenheit als Nikolaus am meisten berührte, war ein Besuch im Krankenhaus. Ich besuche dort Jahr für Jahr kranke, meist alte Menschen. Da sagte einmal eine Frau: „Nein, das hab ich in meinem Leben noch nie erlebt, dass der heilige Nikolaus auch zu mir kommt."

Buch mit Fluch

Ich kann mich gut an eine Messe in Villach erinnern. Dort hatten wir einen sehr kleinen Altar, auf dem wir die Utensilien sehr platzsparend aufstellen mussten. Der Mesner positionierte an diesem Tag das Messbuch sehr unsicher am vollgeräumten Altar. Es lag knapp am Tischrand und wackelte leicht.
Als ich während der Messe lässig mit der linken Hand umblättern wollte, donnerte das Messbuch samt Ständer plötzlich zu Boden. Das gab einen lauten Krach. Ich war geschockt, vergaß das Mikrofon am Altar und rief: „Scheiße."

Die Kirchenbesucher sahen mich verwundert an, doch Gott sei Dank nahmen es die meisten mit Humor und lachten über meine Reaktion. Normalerweise fluche ich in der Kirche nicht.

Kerze, die an zwei Enden brennt

Es gab einmal eine anstrengende Zeit, da hatte ich regelmäßig einen Puls über 100. Ich ließ daher ein EKG machen und das Blutbild untersuchen.

„Eigentlich kann ich nichts feststellen", sagte der Arzt. Auch das Ergebnis der Ultraschalluntersuchung zeigte keine sichtbaren Erkrankungen an. Mein Herz sah sogar sehr kräftig aus. Der Arzt vermutete daher, dass mein Nervensystem wegen zu hohen Stresses überreagiert hatte.

Das brachte mich zum Nachdenken. Normalerweise brauche ich ein gewisses Ausmaß an Stress, das tut mir gut, doch hin und wieder wird es auch mir zu viel. Als Ausgleich gehe ich Skifahren oder an die frische Luft spazieren. Sehr gerne schlendere ich durch die Au neben der Enns.

Ein engagierter Pfarrer ist oft wie eine Kerze, die an zwei Enden brennt. Im Advent ermutigen wir Franziskaner die Menschen immer, sich Zeit zu nehmen. Für uns selbst sind die Wochen vor Weihnachten aber eine der stressigsten Zeiten des Kirchenjahres.

Ich stehe oft schon um vier Uhr früh auf, bereite mich für die Rorate vor und hetze danach von einem Termin zum anderen. Um diese Tage durchzustehen, lege ich mich am Nachmittag gerne eine Stunde schlafen, um für die zweite Tageshälfte wieder fit zu sein. Aber nicht nur vor großen Kirchenfesten kann der Stressfaktor steigen. Auch bei Pilgerreisen befinde ich mich im Ausnahmezustand.

Da bin ich selber so begeistert, dass ich kaum schlafe.

Im Kloster haben wir einen sehr strukturierten Tag. Das hilft gegen Stress. Zu unserem Leben gehören das Beten und die Meditation. Zu Mittag treffe ich mich eine Viertelstunde mit meinen Mitbrüdern, um innezuhalten und nachzudenken.

Das Gemeinschaftsleben, zum Beispiel ein gemeinsames Mittagessen, lässt mich ebenfalls zur Ruhe kommen. Sehr entspannend finde ich auch das gemeinsame Abendlob oder Vespergebet. Hier beten oder singen wir eine halbe Stunde lang Psalmen.

Wenn mich jemand fragt, wie man am besten zur Ruhe kommt, empfehle ich die Meditation. Ich kann dabei ganz frei werden, es schaffen, an nichts mehr zu denken, Abstand vom vollen Terminkalender zu nehmen und mir wieder bewusst machen, was wichtig ist.

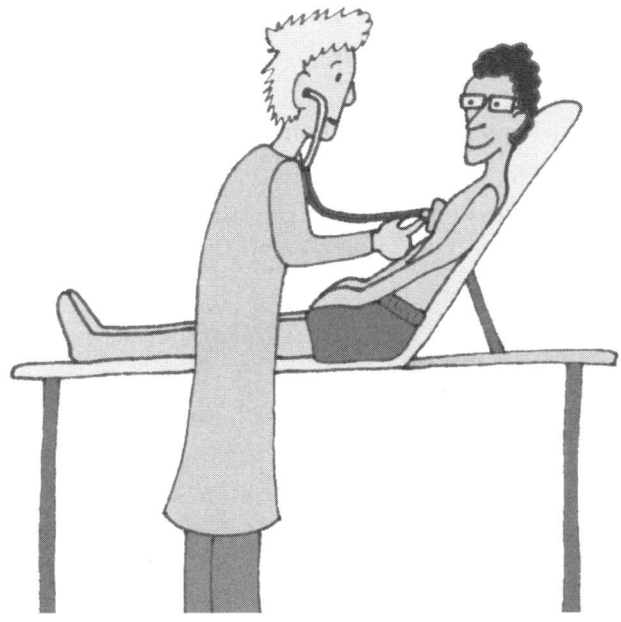

Internet-Skigebiet

Ursprünglich wollte ich einen Skitag in Hinterstoder einlegen, doch da einer meiner Mitbrüder das Klosterauto benötigte und ich auf das Skivergnügen nicht verzichten wollte, suchte ich im Internet nach Skigebieten, die von Enns aus mit dem Bus erreichbar waren.

Die Suchmaschine empfahl mir das Skigebiet Glasenberg, das in den Voralpen bei Maria Neustift liegt. Sogleich zog ich Skischuhe und Skianzug an, setzte meinen Helm auf, nahm Stecken und Ski und stapfte zur Bushaltestelle. Da ich der Einzige war, der in voller Montur auf den Bus wartete, zog ich die Blicke der Leute auf mich.

„Ich glaube, das ist der Pfarrer", flüsterte eine Frau ihrer Gesprächspartnerin zu.

„Ja richtig, ich bin der Pater Martin. Ich gehe Skifahren", sagte ich und erklärte den Frauen, dass ich es von meiner Heimat Tirol gewöhnt war, in voller Montur zur Piste zu fahren.

„Ich spare dadurch viel Gepäck", sagte ich.

Als der Bus kam, wollte mich der Fahrer zunächst nicht einsteigen lassen. Schließlich ließ er sich aber überreden und sagte: „Okay, ich nehme Sie mit. Aber verankern Sie Ihre Ski unter den Sitzen, sonst fliegen sie bei einer Vollbremsung durch den Bus."

Als ich in Steyr umstieg, sprachen mich erneut Leute an, die sich über meine Aufmachung wunderten.

„Dort, wo Sie hinwollen, gibt es kein Skigebiet. Ich wohne in diesem Tal", verunsicherte mich eine Frau. Auch der Busfahrer kannte das Skigebiet Glasenberg nicht.

„Im Internet stand, ich müsse mit dem Bus von Enns nach Steyr, dort umsteigen und nach Maria Neustift fahren."

„Bei Maria Neustift kommen wir vorbei, aber ich habe noch nie jemanden gesehen, der dorthin Skifahren geht", machte mich auch der Busfahrer nervös. Dennoch löste ich ein Ticket und stieg in den Bus.

Zu meiner Erleichterung tauchte irgendwann ein Schild mit der Aufschrift „Herzlich Willkommen am Glasenberg" auf. Sofort drückte ich auf die Haltewunschtaste.

„Wo wollen Sie denn aussteigen?", rief der Busfahrer nach hinten.

„Na hier, haben Sie das Schild nicht gesehen?"

Angekommen in der Einöde, stapfte ich mit meinen Skischuhen die Straße entlang. Bald erkannte ich in der Ferne einen Skilift, der aber sicher noch eineinhalb Kilometer entfernt war. Macht nichts, dachte ich mir, wenigstens bin ich zum Skifahren aufgewärmt. Auf halber Strecke hielt ein Jeep neben mir.

„Grüß Gott. Ich bin das Skitaxi, bitte einsteigen!", rief der Fahrer. Ich stieg ein und stand wenige Minuten später vor einem Tellerlift.

„So, jetzt werden wir ihn mal in Betrieb nehmen", kündigte der Fahrer, der auch Liftwart war, fröhlich an.

„Sie sind heute unser erster Gast."

Er erklärte mir, dass das Skigebiet aus einem Hügel und diesem Tellerlift besteht und von Ehrenamtlichen betrieben wird. Da die Piste noch nicht präpariert war, bezahlte ich nur den halben Preis – ganze drei Euro für das Tagesticket.

Der Pulverschnee war traumhaft und lange Zeit hatte ich das Skigebiet, also eine Piste, die nach einem Links- und einem Rechtsschwung schon wieder zu Ende war, sogar für mich alleine. Der Liftwart hielt mir immer, wenn ich unten angekommen

war, den Teller hin. Das war ein großartiges Service. Am Nachmittag kamen auch Volks- und Hauptschüler aus dem Dorf sowie ein paar deutsche Touristen. Anfangs hielt der Liftwart auch
mich für einen Urlauber.

Ich erklärte ihm, dass ich aus Enns käme, ursprünglich aber
Tiroler sei. Da freute er sich: „Normalerweise fahren wir nach
Tirol zum Skifahren, und heute kommt einmal ein Tiroler zu
uns auf den Glasenberg!"

Franziskanerpatscherl

Es ist bei den Franziskanern nicht Pflicht, das Ordensgewand, also den Habit und die Sandalen, zu tragen. Aber eigentlich bleibt uns keine Wahl, denn sehr viel Gewand haben wir nicht.

Ich besitze mit Ausnahme meiner Berg- und meiner Skischuhe genau ein Paar Schuhe, das sind meine Sandalen. Wenn ich bergsteigen gehe, trage ich normale Kleidung und Bergschuhe, ansonsten mein Ordensgewand.

In der Kirche oder in der Schule habe ich meine Sandalen immer an, egal zu welcher Jahreszeit. Bei einem Begräbnis im Jänner schüttelten die Trauergäste den Kopf, als sie mich am Friedhof in Sandalen sahen, denn es hatte minus zehn Grad. Keine festen Schuhe zu tragen, ist ein Markenzeichen der Franziskaner.

Mit der Zeit härtet man ab. Und wenn nicht, kann man immer noch schummeln. Was die Trauergäste damals nämlich nicht wussten: Ich trug an diesem Tag zwei Paar Socken übereinander.

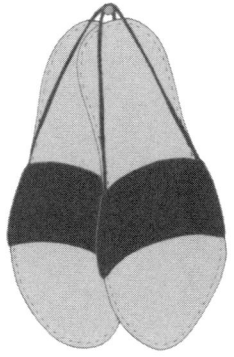

Schneemann

Im Jahr 1995 studierte ich in Jerusalem. Ich staunte nicht schlecht, als dort im Jänner plötzlich Schnee vom Himmel fiel. Zunächst donnerte und blitze es, dann fielen tatsächlich Schneeflocken in der Wüste.

In der Stadt herrschte Chaos, der Verkehr brach zusammen, die Autos standen kreuz und quer und wurden einfach stehen gelassen. Es hatten alle nur abgefahrene Sommerreifen montiert und einen Schneeräumungsdienst gab es nicht. Da der Ausnahmezustand ausgerufen wurde, war auf der Universität vorlesungsfrei.

Ich nützte die einmalige Gelegenheit und lud meine Mitbrüder aufs Dach des Klosters ein, um dort einen Schneemann zu bauen. Zuvor holte ich mir aus der Küche eine Karotte für die Nase und Rüben für die Augen.

Als der riesige Schneemann fertig war, staunten alle darüber, was der Mitbruder aus dem Wintersportland Österreich für sie aufs Dach gezaubert hatte.

Der Schneemann überlebte leider nicht lange, da trotz der unüblichen Kälte der Schnee bald zu tauen begann. Das kalte Wasser tropfte durch das undichte Klosterdach in den Kreuzgang. Wir benützten Regenschirme, um halbwegs trocken von einem Raum in den nächsten zu gelangen.

Da es im Kloster keine Heizung gab, war uns so kalt, dass wir nur in voller Montur im Bett lagen. Irgendwann hatte ich von der Kälte genug und fuhr mit dem Linienbus spontan ans Tote Meer.

Dort hatte es 25 Plusgrade, da das Tote Meer circa 400 Meter unter dem Meeresspiegel liegt. Ich genoss für ein paar Stunden die warmen Sonnenstrahlen und ließ meine Kleidung trocknen.

Am Abend fuhr ich bestens gelaunt zurück nach Jerusalem.

„Martin, du hast aber eine gute Farbe", staunten meine Mitbrüder, und ich erzählte ihnen von meiner spontanen Reha am Toten Meer.

Räumungsdienst

Wenn es im Winter dicke Schneeflocken schneit, dann stelle ich mir den Wecker auf vier Uhr früh. Am Morgen schaufle ich dann mit Mesner Manfred um die Wette. Ich fange im Klostergarten an und arbeite mich bis zum Innenhof, der Einfahrt und dem Parkplatz durch. Manfred schaufelt einstweilen die Wege rund um die Kirche frei.

Schneeschaufeln gehört zu meinen Lieblingsbeschäftigungen. In meiner bisherigen Karriere als Pfarrer war ich in jedem Kloster, in dem ich stationiert war, immer für den Winterdienst zuständig. Es ist eine Arbeit an der frischen Luft, die mir Freude bereitet und bei der ich mich gut entspannen kann.

Wenn es richtig kalt ist, ziehe ich mir dafür sogar feste Schuhe und einen Pullover an. Auf Haube und Jacke verzichte ich aber, denn beim Schneeschaufeln wird mir schnell heiß.

Als ich vor einigen Jahren nach Enns kam und es zum ersten Mal richtig schneite, machte mir das Schaufeln kurzfristig keinen Spaß mehr. Das lag daran, dass das Kloster kein geeignetes Werkzeug hatte. Es gab nur kleine Blechschaufeln, auf denen der Schnee immer picken blieb. Das war ein Krampf.

Also ging ich noch am selben Tag in die Stadt und kaufte ordentliche Schaufeln. Als Tiroler weiß ich ja, worauf es ankommt.

Obwohl die Kirche viele ehrenamtliche Helfer hat, gibt es für das Schneeschaufeln keine Freiwilligen. Die Jungen müssen arbeiten und die Älteren haben oft schon Kreuzweh.

Beim Schneeschaufeln heißt es „Selbst ist der Pfarrer."

Schlechte Nachrichten

Kurz vor Weihnachten wurde im Radio durchgesagt, der Altpfarrer von Enns sei am Zebrastreifen von einem Auto niedergefahren worden. Fünf Minuten später wurde ich am Handy angerufen. Eine besorgte Kirchgängerin fragte mich, was genau passiert sei.

„Pater Martin, im Radio haben sie gesagt, dass der Ennser Pfarrer einen Unfall hatte. Wer ist damit gemeint?"

Da mir diese tragische Nachricht neu war, war auch ich im ersten Moment überfragt. Ich befürchtete, dass es sich um Pater Johannes handeln könnte, da er der älteste von uns war und oft in der Stadt spazieren ging. Ich ging schnellen Schrittes hinauf ins Kloster. Als ich an Johannes' Zimmertür klopfte, hörte ich sofort ein fröhliches „Herein".

Ich war erleichtert und meinte: „Du bist es nicht."

„Was bin ich nicht?", fragte mich Johannes und ich erzählte ihm von dem Radiobeitrag.

„Mich hat heute noch niemand niedergefahren", schmunzelte Johannes.

Da mich auch in den folgenden Minuten zahlreiche besorgte Kirchenbesucher anriefen, meine Mitbrüder aber alle wohlauf waren, ging ich zur Polizei, um das Missverständnis aufzuklären. Dort erfuhr ich, dass es sich – wie erwartet – um eine Falschmeldung handelte. Es wurde ein Altpfarrer zusammengefahren, doch nicht in Enns, sondern in Asten. Der 89-Jährige war zum Glück sehr robust. Er hatte zwar eine Platzwunde und wurde vom Notarzt ins Akh Linz gebracht, konnte aber schon am nächsten Tag wieder entlassen werden. Einen Altpfarrer haut eben nichts so schnell um.

Lebende Krippe

Franz, ein Mitbruder aus Reichenau, zeigte mir einmal den Stall seines Vaters. Darin befanden sich Esel und Schafe. Mich erinnerte der Stall an Weihnachten und an die Geburt Jesu.

Ich überlegte mir, dass man einmal eine Weihnachtsmette mit echten Eseln und Schafen organisieren könnte – eine lebende Krippe. Diese Idee hatte auch Bruder Franz schon einmal gehabt.

Er wollte seine lebende Krippe damals in Reichenau verwirklichen, doch da die Kirche gerade frisch renoviert worden war, wurde ihm nahegelegt, das Vorhaben abzublasen.

Ich schlug vor, die lebende Krippe in Enns im Freien aufzubauen.

Zu Weihnachten 2011 errichteten wir also eine Futterkrippe im Ennser Schlosspark, einen Zaun rundherum und ein paar Feuerstellen. Bruder Franz brachte die Tiere.

Ursprünglich hatten wir nur mit 200 Messbesuchern gerechnet, auch deshalb, weil es die Tage vor Weihnachten sehr kalt war und immer wieder regnete.

Am Christtag pilgerten aber rund 1000 Besucher aus allen Himmelsrichtungen mit Laternen zur Krippe in den Schlosspark. Das Bild glich einer Völkerwanderung. Höhepunkte der Messe waren das Hirtenspiel der Kinder und die Musik der Stadtkapelle.

Damit die Musiker ihre Noten lesen konnten, hielt ihnen ein Mann eineinhalb Stunden lang einen Baustellenschweinwerfer in die Höhe. Das muss ganz schön anstrengend gewesen sein.

Außerdem waren zahlreiche Mütter während der Messe auf der Suche nach ihren Kindern. Eine Sekunde nicht aufgepasst und schwups – waren die Sprösslinge in der Dunkelheit verschwunden.

Die Hundebesitzer hatten hingegen vorgesorgt und ihren vierbeinigen Freunden eine blinkende Weihnachtsbeleuchtung um den Hals gehängt.

Das waren nur einige Höhepunkte des Abends. Die Kindermette im Freien mit der lebenden Krippe war ein großes Fest, das unbedingt wiederholt werden muss.

Weihnachtsevangelium

Der Volksgesang ist ein Grund, warum Menschen gerne in die Kirche gehen. Es ist befreiend, gemeinsam Lieder zu singen. Das macht auch mir als Pfarrer eine große Freude.

Weniger Freude habe ich jedoch, wenn ich etwas alleine singen soll. Da ich mich nicht für einen guten Sänger halte, vermeide ich es, Bibelstellen oder das Evangelium zu singen. Es wäre wahrscheinlich kein Genuss für die Ohren der Messbesucher.

Ich lese die Werke lieber vor, denn das Evangelium wurde nicht als Lied, sondern als Text aufgeschrieben. Hin und wieder überwinde ich mich und singe die Einleitung „Der Herr sei mit euch …" und den Schluss „Evangelium unseres Herrn Jesus Christus." Längere Stellen, zum Beispiel das Weihnachtsevangelium nach Lukas, das es sogar vertont gibt, lasse ich lieber Profis singen.

Einmal fragte mich ein Mitbruder zwei Stunden vor der Messe, ob ich spontan das Weihnachtsevangelium singen könnte.

„Tut mir leid, das traue ich mir nicht zu", antwortete ich.

Er entschloss sich daraufhin, es selbst zu singen. So wurde das Evangelium zu einem musikalischen Desaster.

Mein Mitbruder hatte, sagen wir einmal, ein sehr interessantes Musikgespür. Er sang so falsch, dass die Messbesucher schmunzeln mussten. Zumindest blieben ihnen dadurch die Bibelverse lange im Ohr.

Alarmanlage

Noch vor ein paar Jahren wurde fast jede Weihnachtsmette von einem heulenden Geräusch unterbrochen. Die Alarmanlage der Krippe, die in der Ennser Wallseerkapelle aufgestellt war, wurde durch jede kleine Bewegung ausgelöst und heulte so lange, bis die Mesnerin mit dem Schlüssel herbeigelaufen kam und den Alarm abschaltete. Das dauerte oft die halbe Messe und jede festliche Stimmung war verloren.

Also fragte ich den damaligen Pfarrer Johannes, ob man die Alarmanlage zumindest während der Messe entschärfen könnte. Aber er wollte das nicht, denn er und der Pfarrgemeinderat hatten Angst, dass während der Mette Krippenfiguren gestohlen werden könnten.

Ich dachte mir: „Mein Gott, wenn jemand unbedingt ein Schaf während der Messe braucht, soll er es halt haben."

Das Heulgeräusch war mir weit unangenehmer. Noch dazu kam, dass die Alarmanlage meistens gar nicht durch eine Person ausgelöst wurde, sondern durch die Luftströme. Immer wenn ein Zweig des angrenzenden Christbaums den Lichtschranken unterbrach, heulte die Alarmanlage unerträglich laut auf. Pfarrgemeinderäte aus Ennsdorf hatten schließlich die Idee, die Krippe mit Plexiglas einzuhausen.

Nun feiern wir die Messe endlich ohne Alarmanlage. Diese Veränderung blieb nicht unbemerkt.

„Pater Martin", sprachen mich Kirchenbesucher an, „heuer war die Weihnachtsmesse anders als sonst. Irgendetwas hat gefehlt, aber wir wissen nicht was …"

Pension, was ist das?

Es passiert mir hin und wieder, dass ich Menschen treffe, die 90 Jahre alt sind, aber gut 20 Jahre jünger aussehen. Im Alter scheint es eine besondere Rolle zu spielen, wie aktiv man sein Leben gestaltet.

Es gibt Leute, die sich gehen lassen und nicht mehr wollen. Es gibt auch solche, die sowohl das Glück als auch die Gesundheit haben, im Alter noch körperlich und geistig fit zu sein. Ich möchte einmal ein Alter erreichen, in dem ich noch halbwegs rüstig und beweglich unterwegs sein kann. Übertrieben alt natürlich auch nicht, ein gutes Alter wäre 70 bis 80 Jahre.

Als Pfarrer kann man in Oberösterreich mit 70 Jahren in Pension gehen, aber die meisten bleiben so lange im Amt, bis es nicht mehr geht. Aus jetziger Sicht kann ich mir das auch gut vorstellen. In den Klöstern wird auf ältere Brüder Rücksicht genommen. Man kann freiwillig bis zuletzt in der Gemeinschaft mitwirken und kleine Aufgaben erledigen.

Ich freue mich auf die vielen spannenden Abenteuer, die noch vor mir liegen und halte mich an Franz von Assisi, der einmal gesagt haben soll: „Bleiben ist sterben, weitergehen ist leben."

Martin Bichler

Martin Bichler wuchs mit seinen drei Geschwistern auf einem Bergbauernhof in Untertilliach in Osttirol auf.

Nach der Hauptschule im Lesachtal besuchte er das Gymnasium in Telfs. Bald freundete er sich mit jungen Franziskanern an und entschied sich, nach der Matura in den Orden einzutreten.

Während seines Theologiestudiums verbrachte Martin ein Jahr in Jerusalem. Sein Pfarrpraktikum absolvierte er in Reutte. Nach der Priesterweihe war er zehn Jahre lang in der Pfarre Villach-St. Nikolai tätig. Im Jahr 2004 wechselte er nach Innichen in Südtirol.

Seit 2008 ist Martin in Enns in Oberösterreich im Einsatz. Aufgrund seines Studiums zählt er inzwischen zu den Experten des Heiligen Landes und bietet in regelmäßigen Abständen Pilgerreisen nach Israel und Assisi an.

Außerdem unterrichtet Martin als Religionslehrer an der Volksschule Enns und organisiert zahlreiche Veranstaltungen wie das „Franziskusfest der Kinder". Zusätzlich hält er Vorträge zum Thema „Franz von Assisi – heute verstehen" sowie Seminare zum Thema „Humor im Gottesdienst".

In der Bevölkerung ist Martin vor allem für seine fröhlich-offene Art und seine vielen humorvollen Erlebnisse bekannt.

Florian Kobler

Florian Kobler ist freier Journalist und hat bereits für zahlreiche Medienunternehmen in Oberösterreich und Wien gearbeitet. Seit 2010 studiert er Theater-, Film- und Medienwissenschaft an der Universität Wien.

Mit 18 Jahren ging Florian Kobler als Preisträger beim Literaturwettbewerb „Sprichcode" hervor und veröffentlichte die Kurzgeschichte „Das Kind" im Sammelband „Wir Genies" (Skarabaeus Verlag). Kürzlich brachte er mit dem Linzer Psychotherapeuten Robert Karbiner den Ratgeber „Betriebsanleitung für den Mann" im Freya Verlag heraus. In seiner Freizeit engagiert er sich als Pressereferent und Eventmanager bei diversen Kulturvereinen in Enns.

Schreibelmayr, Karl
Neue Dorfgeschichten
Siebtes Buch der
heiter-besinnlichen Erzählungen

ISBN: 978-3-99025-069-3
Hardcover, 144 Seiten

Karl Schreibelmayrs neue Dorfgeschichten zeigen das Land-
leben, wie er es vor 50 Jahren selbst erfahren hat – unberührt,
bescheiden und geprägt vom unerschütterlichen Zusammen-
halt der Dorfbewohner. Die unverwechselbaren Charaktere,
wie der gutmütige Dorfpfarrer, der seine Schäflein manchmal
kaum zu bändigen vermag, machen Schreibelmayrs Erzählungen dabei so liebenswürdig, dass man selbst gerne in diesem
Dorfe leben möchte.